微时代的制胜法宝
微信营销全案

张誉琼　申思维◎编著

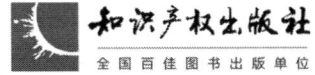

图书在版编目（CIP）数据

微信营销全案/张誉琼，申思维编著. —北京：
知识产权出版社，2014.8
ISBN 978-7-5130-2931-5

Ⅰ.①微…　Ⅱ.①张…②申…　Ⅲ.①网络营销
Ⅳ.①F713.36

中国版本图书馆 CIP 数据核字（2014）第 198789 号

内容提要

《微信营销全案》分别从趋势、商业价值、最新功能剖析、微信营销的策略入手，全面、系统地剖析了微信营销的"密码"。面对数以亿计的微信使用群体，本书不仅可作为专业营销人员的必备参考，而且是任何想利用社会化媒体力量创造价值的企业、机构或个人的生存指南。本书内容多为基于实际案例的分析和操作指导，读者可以从本书中真正学到实用、好用的微信营销的办法、技巧与策略，以及全面的解决方案。

《微信营销全案》堪称："微时代的制胜法宝！"

《微信营销全案》适合大众阅读！

责任编辑：荆成恭　　　　责任出版：刘译文

微信营销全案
WEIXIN YINGXIAO QUANAN

张誉琼　申思维　编著

出版发行	知识产权出版社 有限责任公司	网　址	http://www.ipph.cn	
社　址	北京市海淀区马甸南村1号	邮　编	100088	
责编电话	010-82000860 转 8341	责编邮箱	jcggxj219@163.com	
发行电话	010-82000860 转 8101/8102	发行传真	010-82000893/82005070/82000270	
印　刷	北京中献拓方科技发展有限公司	经　销	各大网上书店、新华书店及相关专业书店	
开　本	720mm×1000mm　1/16	印　张	14.75	
版　次	2014年10月第1版	印　次	2014年10月第1次印刷	
字　数	226千字	定　价	48.00元	
ISBN 978-7-5130-2931-5				

出版权专有　侵权必究

如有印装质量问题，本社负责调换。

前　言

微信自 2011 年 1 月 21 日横空出世已有三年，2013 年跨 2014 年的年关时刻，6 亿的用户总数使其成为亚洲地区最大用户群体的移动即时通信软件。因此，微信火了！

微信的火可以说是在恰当的时间出现，用恰当的方式获得了成功。首先，微信从移动互联网时代的社交通信需求切入，把熟人（手机、QQ 好友）、轻熟人（扫一扫）、陌生人（摇一摇、附近的人、漂流瓶）悉数引爆，其次，用腾讯 QQ 积累的中国最大最强社交关系链为微信导入了坚实的基础用户，在吸聚用户后，引入 QQ 离线消息、QQ 邮件提示、公众平台（订阅号、服务号）资讯内容，增强用户黏性。

从微信 5.0 区分服务号、订阅号，到微信开放九大高级技术接口，再到微信支付全面开放，微信在帮助商家实现销售与客户沟通模式创新的同时，也让线下和线上、人和机、物和网真正形成了一个微信商业生态圈。

我们回过头来看看微信的发展路径，目前微信公众账号总数超过 580 万，日均增长数由去年的 8000 个上升至 1.5 万个；微信平台已接入 67000 多个移动开放应用；微信平台推广功能公测期间已经拥有超过 10000 多个广告主，1000 多个流量主。微信的火爆程度不言而喻。面对这个炙手可热的领域，对于很多已经运营一段时间的企业来说，你可能会发现越来越多的企业和个人对于微信营销更加理性，不再盲目地抄袭。因为越来越多微信营销的方式趋于同质化，很多人不知道怎么做，于是看到什么方式赚钱就往什么方式里面投，结果这个方式适不适合自己也不知道，能不能赚钱全靠运气。而现在的你，开始理性地思考真正适合自己运营的落地之法，开始摸索对自己更有价值的营销策略，希望能够有计划性、有步骤地走好每一步，因为你发现自己的营销方式无非就是单一的礼品或者抽奖，这些

的确是可以吸引人，但是时间一长粉丝会有疲劳感。

其实，对于没有更多微信营销经验的你，最常规的做法就是向已经成功的企业或个人学习，好的微信公众平台往往都是在运营中才找到了自己的商业价值点。这样的例子很多，如某餐饮企业在运营半年后通过接入微信平台，在点餐和预支付的营销点上，就节省了约10万元的人工费；而7天连锁酒店也同样是在运作一年后，微信公众号每月新增粉丝从以前的10万增加到16万，微信订单已经超过了线下订单。

在开放的道路上，随着微信官方的努力前行和陆续开放一系列的微信接口功能，一个前所未有的"微时代"已经到来。微信作为一种新兴的信息渠道和传播工具，指尖点向手机屏幕，这个移动互联时代人们最常见的小动作，在营销方面的价值也被越来越多的企业和个人所认可。

也许，看这本书的你正在寻找方向，打算进军微信营销或是已经奋战在微信营销中。但无论现在的你是属于哪一种，在这个巨大的商机面前其发展前景都是非常值得期待的。

我们衷心地希望本书能够帮你开启一扇新的大门，对你所面临的问题和困惑给予解答与帮助。希望阅读这本书的你对书中的不足之处提出宝贵的意见和建议。你可以直接通过微信、电子邮件和我们交流。衷心地希望所有的读者能从书中受益。

本书得以呈现在各位面前，是团队合作的成果。首先，感谢微信团队在开放的道路上不断地推陈出新，让更多的人可以借助这个平台实现自己的创业梦想。除此之外，还要感谢策划人尹锋先生、感谢知识产权出版社荆成恭老师、感谢彭峪琳和刘炫君女士前期参与的内容整理，感谢一路对我关心与帮助的朋友们！感谢父母一直以来对我的教育、培养和坚持不懈的鼓励与支持！

最后，特别感谢正在读本书的你！

张誉琼

2014年8月16日

目 录

第一章 微信商业化进程中的互联网格局 ... 1

第一节 微信对于整个互联网生态的影响 ... 2
一、移动互联网时代，传统零售因O2O而大裂变 ... 3
二、微信助力企业O2O转型之道 ... 5
三、微信商业化进程中的O2O场景 ... 6
四、企业借助微信完善O2O平台 ... 8

第二节 微信开辟移动互联网新时代 ... 9
一、移动互联网成功案例商业卖点分析 ... 10
二、微信构建移动互联网时代传播新形式 ... 14
三、微信营销传播形式的四大价值体现 ... 16
四、微信营销传播的四个实施要点 ... 18

第三节 企业为什么要重视微信 ... 19
一、企业微信公众平台的五大价值体现 ... 21
二、微信商业化的未来 ... 28

第二章 微信支付衍生移动互联网后时代商业价值 ... 31

第一节 微信支付不只是工具，而是生活 ... 31
一、未来的移动生活消费 ... 32
二、微信支付应用新场景 ... 34

第二节 微信5.3打造一站式资金管理平台 ... 39
一、了解微信5.3转账功能 ... 39
二、微信钱包激活"移动"经济 ... 40
三、"微信小店"，帮商家快速开店 ... 41

四、服务号可变"掌上商城" ································ 46
五、"微信小店"带来移动电商新格局 ················ 48
六、微信电商：手把手教你如何布局 ················ 49
七、企业开通微信支付的重要性 ························ 50
八、微信支付的两种使用方式 ···························· 51

第三节　电商企业助推"微信价" ···························· 55
一、银行机构纷纷试水"微信价" ····················· 58
二、当微信支付遇上首都航空 ···························· 59
三、腾讯房产尝试微信支付 ································ 60
四、迪信通联手微信支付 ···································· 61
五、微信支付安全与你有关 ································ 63
六、开启微信保护的操作步骤 ···························· 65

第三章　微信公众平台使用攻略 ································ 68

第一节　新版微信公众平台 ·· 68
一、了解公众平台数据统计功能 ························ 72
二、微信公众平台类型区分 ································ 77
三、企业微信公众平台建设指南 ························ 78
四、教你玩转微信公众平台开放模板 ················ 79
五、微信公众平台能为企业做什么 ···················· 81

第二节　服务号、订阅号运营准则 ···························· 83
一、企业服务号、订阅号运营策略 ···················· 88
二、服务号月度推送信息增至4次 ···················· 89
三、企业微信公众平台认证指南 ························ 90

第三节　正确运营微信公众平台 ································ 91
一、微信公众账号行为规范 ································ 92
二、腾讯整顿微信朋友圈营销的背后 ················ 94
三、微信对朋友圈集赞营销说NO ····················· 95
四、网信办发布即时通信工具十条新规 ············ 97

第四节　企业微信公众平台生存现状分析 ……………………… 98
　　一、微信运营七大常见问题的深度剖析 …………………… 99
　　二、微信公众平台运营五大核心本质 ……………………… 103
　　三、微信营销的未来,越来越清晰明朗化 ………………… 104
第五节　微信拓宽未来的无限可能 ……………………………… 106
　　一、微信搜索,标志微信市场越来越良性 ………………… 106
　　二、微信公众平台,开启广告联盟时代 …………………… 109
　　三、微信推出"企业号",微信办公成为可能 …………… 111
　　四、企业号为业界带来的新商机 …………………………… 112
第六节　微信5.4版本,腾讯的战略布局 ……………………… 114
　　一、微信5.4版本的九大新功能解读 ……………………… 114
　　二、微信5.4版本,公众号的发展契机 …………………… 120

第四章　微信营销执行全案 …………………………………… 122

第一节　微信发展的里程碑 ……………………………………… 122
　　一、微信的属性与特征 ……………………………………… 122
　　二、微信给了人们一种新的生活方式 ……………………… 123
第二节　企业微信营销深度剖析 ………………………………… 125
　　一、微信营销的概念 ………………………………………… 125
　　二、做微信营销前须明确的五个问题和三个因素 ………… 126
　　三、打造企业微信营销平台的四大关键 …………………… 127
　　四、微信营销推广三大原则 ………………………………… 128
　　五、企业微信运营的九大操作步骤 ………………………… 129
　　六、微信营销的五个技巧 …………………………………… 132
　　七、微信营销的四个三法则 ………………………………… 133
第三节　企业微信营销执行策略 ………………………………… 136
　　一、品牌策略 ………………………………………………… 136
　　二、渠道策略 ………………………………………………… 137
　　三、服务策略 ………………………………………………… 137
　　四、用户分类策略 …………………………………………… 138

　　五、产品策略 …………………………………………………… 138
　　六、价格策略 …………………………………………………… 138
　　七、促销策略 …………………………………………………… 139
　　八、微信营销三大经验分享 …………………………………… 139
　　九、制订微信营销推广计划的十大核心要点 ………………… 140
　　十、企业微信品牌扩大影响力的八大步骤 …………………… 141
　　十一、经典微信运营执行案例解析 …………………………… 143
第四节　策划组织微信营销活动 …………………………………… 147
　　一、企业微信营销活动策划 …………………………………… 148
　　二、微信内容写作的九大法则 ………………………………… 150
　　三、情人节话题营销经典案例解析 …………………………… 151
　　四、话题营销的五大关键点 …………………………………… 155
　　五、走出微信营销的误区 ……………………………………… 156
第五节　微信营销实操——组织和培养粉丝 ……………………… 158
　　一、如何将粉丝组织起来 ……………………………………… 158
　　二、粉丝经济催生的自营销 …………………………………… 161
　　三、黏住微信粉丝的必杀技 …………………………………… 161
　　四、个人微信如何增加粉丝数量 ……………………………… 162
　　五、企业微信如何增加粉丝数量 ……………………………… 163
　　六、让粉丝产生依赖的十大准则 ……………………………… 167
　　七、吸引粉丝关注的八个操作步骤 …………………………… 172
　　八、如何挖掘粉丝的价值 ……………………………………… 174
第六节　个人微信运营攻略 ………………………………………… 176
　　一、微信营销怎样才不"消费"友情？ ……………………… 176
　　二、微信群特性分析 …………………………………………… 178
　　三、微信群营销方法和注意事项 ……………………………… 178
第七节　微信群不限人数背后，腾讯的商业觊觎 ………………… 180

第五章　微信营销与运营的行业案例解析 ………………… 183
　　一、微政务：政府部门微信问政新利器 ……………………… 183

二、微邮电：微信政务更亲民　服务民生零距离 …………… 189

三、微交警：全国首例微信支付"交通违章" …………… 190

四、微调解：劳动案件纠纷，微信在线调解 …………… 191

五、微金融：移动金融"微"体验 …………… 193

六、微房产：房地产微信营销推陈出新 …………… 195

七、微服务：南航微信营销和百万粉丝的启示 …………… 196

八、微汽车：微信重构汽车服务新场景 …………… 197

九、微医疗：微信全流程就诊平台 …………… 200

十、微保障：泰康人寿的微信营销 …………… 205

十一、微餐饮：微信公众账号变身移动版便携式"菜单" … 207

十二、微娱乐：KTV微信营销，完善客户体验新方式 ……… 211

结　语 …………… 215

参考文献 …………… 222

第一章　微信商业化进程中的互联网格局

在没有微信的时代，如果我们在旅行中看到了一件新鲜事，那能做的充其量就是用手中的相机把场景拍下来，回到家后，用计算机（电脑）像写日记一样，把看到的、听到的事情记录下来，每到怀念的时候，就拿出来看一看。但是，不是每个人都有耐心把每一件新鲜事都记录下来。即便记录下来，这些美好的场景也只有自己拥有，而没办法与朋友同步分享。然而，在微信时代，一方面因为手机成为随时随地可以发布信息的方便工具，另一方面因为微信提供了及时发送、即时沟通、精准、快捷的平台，我们几乎可以在第一时间把生活中遇到的新鲜事发布到微信朋友圈里，与我们的朋友同分享、共欢乐。这种实时和便捷，在没有微信和移动互联网的时代，是根本想象不到的。在微信时代，一切都不一样了！微信让信息发布、信息分享的过程变得不费吹灰之力，它赋予了我们新的微信生活平台，人人都可以是主角。

这也使得微信仅仅上线三年，就已经覆盖全球200多个国家，发布了20多种语言版本，国内外月活跃用户超过2.7亿。其中，微信公众账号在15个月内增长到200多万个，每天保持8000个的增长，以及超过亿次的信息交互，地球人无法阻挡其发展的脚步。

微信的火热，不仅促使互联网资本的流向和投资并购进入到了疯狂的节奏中，而且同时也是2014年以来互联网、移动互联网并购案推进的最大幕后推手。这次的巨变，跟过去中国互联网的所有行业行为不同，因为只是一款产品在改变着行业的格局，甚至引发更多"多米诺骨牌"的连锁反应，从而使移动互联网的发展与变化超出所有人的想象。

对于中小型公司来说，微信具有低成本、高精准性的营销特点，而且企业可以通过微信平台搭上移动互联网这趟快速前进的列车，因此对于中

小型企业而言，这更是一个不可多得的机会。对传统企业而言，过去对拥抱互联网望而却步大多是因为信息的海量、功能的复杂以及高昂的成本费用。而现在不同了，微信的出现让很多传统企业认为，拥抱移动互联网的最好方式就是微信化。

第一节　微信对于整个互联网生态的影响

首先，在这个过程中我们可以发现，微信开发了公众平台，开放了接口，也推开了微生活，微信已经成为移动互联网的基础生命线，就像水和电一样。创新派网、微创新研究中心创始人金错刀认为微信已经具备了同电信运营商一样的实力和地位。大妈刷微信的景象已随处可见，当今，微信是唯一一个能够涵盖大妈级用户的移动互联网沟通方式，三四线城市甚至乡镇市场的应用也已经普及。这意味着一款足够简洁且易上手的刚需产品在这个平台上瞬间能让自己的触角深入到每一个角落。

其次，微信代表着最基本的日常沟通需求。这意味着微信能满足人人都需要的信息沟通需求。

微信的出现，不仅打通了沉淀的 QQ 好友，同时也读取了我们的手机通讯录，这让用户的体验非常明显。从 PC 端延续下来的习惯在微信上得到了体现，而微信基于用户语音通信的功能，让交流变得没有障碍、没有成本。微信朋友圈的沟通，随着频繁的互动习惯化，用户每天开着微信与他的生活圈子、朋友圈子将会融为一体，习惯的形成和培养，将会是一座潜力巨大的金矿。

再次，微信支付衍生移动互联网时代的新商业模式。

2013 年"双十一"的微信支付和易迅的合作，是微信和电商之间合作的一次尝试。据腾讯公布的数据，"双十一"当天微信和易迅合作的"微信卖场"成交量超过 8 万单，占易迅全单的 13%。另外，截至 2013 年 10 月底，易迅网购的用户，选择微信支付的订单（通过微信扫描二维码付款）累计达 35 万单，订单金额突破亿元。从"双十一"到 2013 年年底，不到三个月的时间，微信支付订单额已经占易迅订单总额的 5% 以上。

2014年春节，刚刚落幕的微信"抢红包"活动在一夜之间就颠覆了整个移动支付领域，支付宝钱包四年才累计出的1亿用户在短短15天内被追上，微信的可怕迎面砸向整个互联网。

事实也证明了，当支付宝被"抢红包"一击即溃的同时，微信却扛过了一波又一波的打击。一年来，在微博、丁磊的易信、马云的支付宝来往狙击下，微信已经一而再、再而三地证明了自己的生命力。移动社交领域强大的用户黏性和有序的功能扩张，让微信变得越来越有用和不可替代。

O2O 微信以消费者为中心适应多变需求

所谓O2O，是Online To Offline的英文简称，专指将线下的商务机会与互联网结合。这几年，移动互联网和O2O的发展如火如荼，使不少传统连锁零售企业也被卷入这场浪潮中，在中国本土有银泰百货、步步高超市、绫致集团和美特斯邦威等先后试行O2O战略，国际上也不乏如沃尔玛、塔吉特、乐购、7-11便利店等已经在O2O上取得阶段性成功的零售巨头，O2O并非新生词，那为什么在移动互联网时代O2O会如火如荼？

一、移动互联网时代，传统零售因O2O而大裂变

传统零售强调实体店的位置及所处的地段，注重细节，通过新开门店的外延式扩张手段和提高门店经营管理效率的内增长模式来发展，受时间和空间的限制，宣传手段较为单一。消费者在互联网上购买商品时，互联网电商们提供了海量的信息，使消费者的购买决策过程拉长，但却能够突破时间和空间的限制，消费者购买的方式也呈多元化。

在移动端，以文本链接为核心的模式已经完全失效，导致了流量碎片化、情景化。移动互联网电商的购物过程简化且急速缩短，在此场景下，精准服务目标客户的需求、简化导购流程、快速下单完成购买，变得非常重要。对于很多传统企业，需要打造线上线下一体化的移动O2O体系。很多公司做了几年的O2O无非是将广告搬到了PC端或手机上，大部分企业卡在了入门级O2O阶段。那么传统企业如何更好地借助微信在O2O领域进行探索呢？下面让我们来了解O2O的本质。

"入门级"的O2O，本质就是线上订单及线下发货，订单只能从线上到线下单向流动。这种方式对传统渠道的改造小，品牌商负责引流，渠道

商负责接单，组织不用伤筋动骨，就能在现有结构基础上实现销量的大幅提升，因此成为大部分企业的选择。

人人都是你的导购

坚持不争利，把"线上订单、线下发货"的模式彻底推行顺畅了，就可以考虑迈入O2O的第二阶段——让数据从线下往线上流动，形成完整的信息闭环。但这必须在彻底解决定价和利益分配问题后才能实施，道理很简单，线下比线上贵，这时已经不需要再给线上导流。

因为只有当订单可以从线下往线上流动时，拥有众多实体店和门店导购的传统品牌才能真正显现出它的优势来。它对应的消费场景是，消费者到门店购物时，可根据实际情况（门店缺货、异地收货、不愿自己拎回家等原因）扫二维码在线下单，这个二维码与导购绑定，计入业绩考核，这就扫清了引爆O2O模式的最后一道人员激励障碍。随着二维码的应用普及和社交网络的不断发展，只要到企业官网留下注册信息，绑定唯一识别的二维码，他/她就可以为企业推销产品，真正实现"人人都是你的导购"。这和以前的网站推广链接有类似的地方，但推广链接局限于网上，现在二维码可以随身带、随时扫。

而一个拥有活跃社交圈的人，无论在线上还是线下都能发挥强大的号召力，就恐怕不仅仅是导购的问题，还很有可能成为企业的"金牌导购"，甚至是"超级导购"。

终极O2O会是什么样

这时能在线上线下自由流动的已经不仅仅是订单信息了，还应该包括消费者数据分析结果。

订单信息的流通，不过是解决了基本的买卖功能，服务、推荐、促成订单还要依赖导购"经验"；当一个在线上线下都有过购买记录的会员进店时，可通过综合分析他/她的购买记录，准确推荐符合他/她喜好的商品，让转化率大幅提升。

另外终极O2O还必须解决一个重要问题，不仅要打通线上线下的边界，还要打通线上各平台的区隔，真正给消费者营造一个"无障碍"的消费空间。

而围绕越来越丰富且完整的信息闭环,企业组织机构也需要进一步进化升级,过去适应工业大生产的部门设置要转向,要成为能为信息流服务的新机构。"实"的物流、资金,要与"虚"的订单、信息紧密结合起来,数据能自由流动,物流和资金的配合也要千变万化。

实际的情景是,企业可以通过移动端的技术应用实现线上线下的协同,提高用户和实体店互动的体验、服务和营销,一切以"简化消费者购物流程、提升消费者购物体验"为核心,以手机为核心,将手机的便利性和线下的物流、体验及服务融合。

二、微信助力企业O2O转型之道

近几年,传统行业的服务转型升级及与互联网的融合发展迅速。O2O从一个专业术语变成坊间话题,传统的线下行业急迫地想要拥抱互联网走到线上。这时候拥有社交连接能力、公众账号生态、二维码和支付能力的微信,成为传统行业尝试O2O的最佳着力点,原因有以下四点。

(1)微信融合了线上电商与线下实体商业的优势,实现O2O。

客户识别可以打造泛会员的体系,沉淀每个客户交易和行为数据,对网站经营进行优化,可以提供如收藏、分享等多种互联网体验,可以提供互动精准的互联网式客户管理和营销手段,离店后持续精准触达客户,在互联网上的经营手段可以虚拟化和社交化。

(2)微信支付是微信O2O的起点,如果没有支付,O2O其实只是一个广告。

一张海报贴到地铁站仅仅是一个广告,但如果加上一个二维码,用户通过扫码可以直接在微信上完成购买行为。商户则可以通过用户扫描二维码所沉淀的信息进行评判、分析,这就变成了O2O模式。

(3)有了微信支付才能真正完成整个O2O信息闭环,从客户到店,到客户识别,到微信支付,到客户离店,再到客户分析,再做精准的客户服务和营销推广,然后再把客户重新带到商户里面进行交易。

(4)O2O具备的基础:客户识别,客户行为数据化,二次互动和营销。微信注册用户数现已接近10亿,月度活跃用户接近4亿,微信公众号消息打开率超过50%,每个活跃用户每天打开微信数十次,因为有海量的微信用户群体,使微信才能成为一个巨大的O2O移动账户体系,为O2O

最基础的客户识别提供解决方案。

当实体商业具备互联网能力就能实现O2O，O2O是线下实体商业和线上商业的交集，互联网能力用得越好，O2O实现的程度就会越高；客户相关信息的数据化能力越强，对客户精细化服务的能力也会越强。

微信提供的是助推力，只有商户真正掌握这个助推力，用心运营，触达用户才能利用O2O模式给生意带来新价值。

三、微信商业化进程中的O2O场景

没有互联网的时候，我们所有商品交易行为都在线下完成，比如买件衣服、买个手机。有了淘宝、京东后，通过互联网把线下商品进行"数字化"，你在网上可以随意"逛"，选完商品后下单等收快递即可。近两年随着O2O的火热，加上智能手机的普及，使得本来的碎片化渠道变得更加"碎片"。例如，基于地理位置的搜索，搜索的内容既是信息也是商品。原来购物是一种场景，现在很多场景都能购物，因为智能手机触点变得无处不在，触点打开，即可到达，这让传统的零售业面临多重挑战。

在面对电子商务的冲击、经济大环境不明朗、用户购物习惯改变的情况下，传统零售行业正在寻求新的变革，通过新技术改变传统的经营方式。很多零售业一方面推进线上线下无缝融合，布局全渠道零售；另一方面拓展以微信支付为核心的O2O业务，将门店互联网化、移动化，应对电商冲击。

上市公司天虹百货的O2O方案中，主打七大延伸功能，其中最有实质突破的即会员卡的信息化。消费者可通过关注相应微信号获得微信会员卡，从而享受会员特权。已有实体会员卡的会员可通过微信客户端实现会员绑定，打通线下会员卡与线上会员卡对接功能。不仅如此，顾客在消费过程中出示天虹微信会员卡，就可以体验打折、积分等会员特权；并可享受查询积分、消费信息提醒等附加服务。

以上品折扣为例，据其电子商务经营中心负责人介绍，上品折扣在三方面开拓移动端，分别是基于微信做电子商务、开发官方APP、与微淘合作。其中，最核心的方式是基于微信开展电子商务，包括与微购物合作，通过微信公众账号，每个导购员可为优质客户进行一对一服务，从微信上产生订单。在线下，用户扫描导购员iPad上的商品二维码，可以用微信支

付付款，不用排队到收款台付款。上品接入微信支付后，等于将每个导购员都变成了收银员。

上品折扣官方 APP 设定，初期可对品牌进行定位，未来推出智能衣架，可以准确定位商品的位置。未来，电商网站将显示各个门店的库存，下单后支持门店自提和门店发货，用户可以选择一家门店自提和试穿，如果不合适可现场退换货。

上品折扣只是百货公司全渠道布局的缩影。当前，多家百货公司皆在移动端做初步的布局。例如，银泰、天虹百货已入驻微信微购物，新世界百货与微信推出虚拟会员卡，同时在探索与微信其他方面的合作。在自建 APP 和借助微信之间，更多公司倾向于借助微信。在手机端，新世界百货的策略是与微信合作，而不会推出单独的 APP。

"在 APP 和微信之间，肯定是以微信为主比较好。APP 运营成本非常高，流量很难获取。"奥特莱斯相关负责人同样表示，未来会以入驻第三方平台如微信、支付宝为主。"开发人员的培养、开发的时间都是高成本投入。"全渠道经营的背后，是消费者的转移。消费者从电视购物到网络购物，再向平板电脑、手机上转移。

体验式布局

为了应对用户习惯的变化，一些传统百货正在向购物中心转型，降低服装业态的配比，增加体验式业态，如餐饮、娱乐等项目，弱化与电商的直接竞争。

一位商业地产人士透露，现在传统百货运营商品的传统思路面临挑战，购物中心里的餐饮、娱乐项目越来越多。"实体业态是有机会的，但商品交易处于越来越弱的环境。"传统百货以商品销售为主，购物中心则以服务为主，以消费者为中心进行规划，以休闲带动消费。

当下，百货行业加强体验式的营销和布局，这是线下店相对于电子商务的优势所在，同时体验式布局还包括将门店互联网化，以消费者为中心进行设计、布局。以新世界百货、上品折扣为例，皆在铺设 Wi-Fi、安装电子购物屏等，以提供便捷的引导购物服务，提高客户的重复购买率和重复消费次数。

综上所述，百货行业所采取的解决方案可以总结为以下三个方面。

第一，将整个商城"移到"了微信上，他们选择微信作为入口发力。同时进行O2O的全渠道整合，不仅整合消费者某个需求，而且去创造消费者更多的需求和场景，与此同时，他们还做内部各个环节效率的优化。

第二，通过数据化来管理整个运营体系的效率。一个顾客在什么时候买了什么东西，有多少人多少次到哪个店铺使用了消费券，哪个人喜欢到哪个店铺消费，对每个顾客诸如此类的数据进行分析，更好地实现O2O，为线上到线下的引流提供便利。

第三，重视和每个顾客的交流，把和每个顾客建立良好关系作为O2O的核心。每个顾客都将成为一个自媒体，他的态度很容易影响他身边的一群人，你的顾客的购买力和他在社交媒体上的影响力是不对称的，那些偶尔买了你一次商品的顾客或者从来都不买你商品的人的声音力量也是不容忽视的。

四、企业借助微信完善O2O平台

进入移动互联网时代，大家都在探索。"未来的营销不需要太多的渠道，只要让你的产品进入消费者的手机，就是最好的营销。"这句世界营销大师克里曼特·斯通的经典名句被广泛引用。微信营销的概念出现在网络营销快速发展的阶段，在这一时期，网络消费文化逐步形成，面向消费者的电子商务范围不断拓宽，网上消费服务模式日渐丰富、成熟，为企业微信营销的发展奠定了坚实的用户基础，因此，它能够将所有网络营销的方式完美地整合起来，取其精华，去其糟粕，成为企业的营销首选。

企业与微信支付能力的结合，给企业提供了更多连接商业化的机会。

（1）企业可以通过微信低门槛触达用户，并通过社交关系的传播和分享扩大影响力。

企业用微信来管理门店，客户可以在微信中通过GPS定位查找企业门店，企业可以随时与客户进行交流，第一时间获取客户反馈，为客户提供服务。

（2）用移动互联网的思维连接客户，推进改革，节约成本。

企业可以开通微网站或者微商城，用户可以在微信上直接下单，同时在实体店体验实际产品。店内没有的商品又可以在微网站上展示，用户下单后，厂家就可以发货。代理商家可以实现按需订购，不会挤压库存。

（3）建造基于企业微信、服务和粉丝经济的生态系统，粉丝、产品、企业，当越来越多的元素被重新定义之后，会有越来越多的新品牌出现。

企业一定要重视：不能只有用户，没有粉丝；不仅要有人买，还要有人爱。人们随时随地上网，也随时随地发表看法。所以，身为品牌方，你与消费者对话的时间变得更多。成功的品牌会善于用这个契机，塑造与粉丝对话的机会，让原本爱你的用户更爱你，让潜在的顾客都先成为你的粉丝并开始了解你。

互联网对传统行业的渗透和改造，是大势所趋，充满了风险和机遇。未来几年，将是这些领域中洗牌的重要时期，只有尽早构建属于自己的用户消费场景，逐步形成一个行业的利益链和资金链的闭环，才能构建最好的防御壁垒，防止被巨头颠覆。同时，也才有可能颠覆巨头。

第二节　微信开辟移动互联网新时代

在现实生活中，你是不是经常看到或者经历以下的场景：

每天早晨，人们从睡梦中醒来，不刷牙、不洗脸、不下床……第一件事，就是用各种各样的安卓、IOS、iPhone、iPad、三星、HTC、联想、OPPO……奔向同一个APP：微信。

每天早晨，每个草根和屌丝，都突然找到了皇帝批奏折的感觉，要浏览比皇帝的奏折还要多得多的微信留言。

开车的碰上红灯或者堵车，也不再那么焦急了，可以低头看看微信。

通过手机人们可以直接下单购物，"移动"登录邮箱，人们可查看并回复邮件……

不知不觉间，各种移动智能终端陪伴人们的时间越来越多，人们已经习惯了用移动终端上网、交流，以及获取生活和工作需要的信息。这就是移动互联网带来的潮流。

近年来，3G网络和智能手机的快速普及，手机上网费用的下降和手机上网体验的不断改善……这些都为移动电子商务的快速发展提供了基础；同时各大电商企业积极布局移动电子商务市场；另外手机一直是用户最主要的终端，用户在手机上网方面的时间相对于其他活动来说比较高，这些因素都使得消费者渐渐地形成移动购物的习惯。

2012年中国移动电子商务市场规模达到478.6亿元，较上一年增长205.4%。2013年"双十一"淘宝总交易额达350.19亿元，其中53.5亿元来自手机淘宝，是2012年的5.6倍，单日活跃用户达1.27亿人，移动电商正在疯狂地崛起。预计2015年中国移动电子商务市场规模将达到2536.5亿元。

53.5亿元是2013年"双十一"手机淘宝单日成交额，这个数字超过了沃尔玛在中国所有门店一个月的销售额总和。在这些庞大的数字背后，显现的是广大民众对移动互联网的依赖，人类的创新动力就是因为懒惰导致的刚性需求。

曾经有人在微信上发动一次调查，问大家下面的哪件事最惨？

①无法上网；②忘带手机；③没带钱包；④计算机死机；⑤电视坏了。

结果40%的答案是忘带手机！其次才是28%的无法上网、26%的忘带钱包、6%的计算机死机，没人选电视坏了。选没带手机的人一致认为，没带钱还可以打电话向朋友借钱，连手机都没带，这一天什么事都做不了。现代人对手机的依赖性有多高，已经是不言而喻了。

在这个移动互联网逐渐走进我们生活的年代，我们对手机的依赖越来越强。看看自己及身边的人，什么是不离身的？肯定是手机。钱包不带都没关系，手机不能不带。移动互联网的基础是每个人手中的智能手机，手机与个人之间的强关系不是其他物品可以替代的！

以下内容是已经在移动互联网时代取得成功的案例的商业卖点分析。

一、移动互联网成功案例商业卖点分析

基础需求

娱乐、社交是人类的基本需求，也是传统互联网的主要服务内容，移动互联网很自然地提供了这类服务。娱乐除了游戏（游戏产业很大，这是大家都明白的）外，其他主要包括视频、音乐和阅读等，典型的案例如下。

虾米音乐： 注册用户超过1200万个，提供流畅且近乎完美的无线音乐解决方案，通过Wi-Fi或3G网络高速收听音乐，国内首家推出离线模式。

唱吧： 用户总量达到几千万个，社交K歌手机应用，内置混响和回声效果，可以将你的声音进行修饰美化。智能打分系统，所得评分可以分享给好友，并与之PK。

优酷：移动端日视频播放量超过 1.5 亿次点击，月度覆盖用户超过 1 亿。2014 年 6 月，日均 PV（页面浏览量）1412 万，超过爱奇艺（790 万）和 PPS（608 万）之和。

盛大云中书城：移动端用户超过 2000 万个，内容囊括盛大文学旗下起点中文网、红袖添香、小说阅读网、榕树下等网站内容及众多全国知名出版社、图书公司的电子书，为消费者提供图书、报纸、杂志等数字商品。

社交类产品：微博、微信、陌陌、skype 等。

记录信息

智能手机刚出来时，APP 都是关于如何管理电池，如何管理内存，等等，简单地说就是帮你管理好自己的手机。随着这些基本的手机管理需求被满足，以及被巨头们切入后，就慢慢切入到个人的自我信息管理。

其商业逻辑是帮你管理信息，不再需要笔记、录音。目前主要有的创业项目和具体的商业模式如下。

51 信用卡管家：帮用户管理自己的信用卡，记录自己的账单。目前激活用户近 1000 万个。

挖财、随手记：帮用户方便地用手机来记账，让用户可以随时随地记账理财。

大姨妈：听说是很多女性朋友的必备应用，解决了在日历上画日期的麻烦事。根据你的记录测算经期、排卵期；通过健康测试，让你更了解自己的身体状况。

咕咚运动：记录你每天的运动轨迹、路程、时速等数据。还可以与朋友分享。

iOil：有多少人有记录车的加油数据的习惯？记录每天加油的油量、公里数，再计算自己的车公里油耗和油费开销。有了 iOil 的 APP 便让这一切都更加便捷了。

找商家

"大众点评"就是找商家（餐厅）的一个例子。其商业逻辑就是帮用户快速找到自己需要的商家。这类应用的主题是落在商家上，我们看看哪些商家可以 APP。

帮用户找餐厅的。

大众点评：移动端独立用户数达到 7500 万个，大众点评已成功完成在移动互联网布局，大众点评移动客户端已经成为人们生活必备工具。

淘宝点点：最大不同在于打通了商户后台 CRM 系统，实现 O2O 交易（不限于团购套餐）。对消费者而言，这是一款真实的菜品和点评信息，配加智能点餐系统，通过手机等移动终端实现的"懒人点菜神器"。

还有客如云、易点、聚外卖等。

帮用户找宾馆的。

快捷酒店管家：快速定位，在地图上很直观地找到附近的快捷酒店，提供快捷酒店每日客房信息展示及电话预订，直连酒店官网数据，可在线预订。

还有冰点、酒店达人、今夜酒店特价、酒店小秘等。

帮用户找店铺的。

压马路：是一个专门搜罗各种精彩设计、商品和店铺的网络平台，主要包括服饰和家居类产品。在压马路，用户可以以更低的折扣价，购买到全世界精选出的有创意、有设计的好商品；也可以搜罗到各个隐藏在城市角落中的特色店铺。

找人服务

这类移动互联网创业可以说是 2013 年上半年最火的一类项目，即帮用户直接找到"可以为他服务的人"。打车软件就是这样的一类应用，APP 帮乘客与出租车司机直接对接服务。这类应用一般有两个应用端，需要服务的直接客户安装一个 APP，而提供服务的人安装一个终端面 APP。这也只有在移动互联网时代才能提供。

这类 APP 的商业逻辑是减少信息沟通的环节，直接将服务的两端对接，帮用户快速找到"可以提供优质服务的人"。一般这类应用的主题是按职业来分的，我们看看有哪些职业可以 APP。

出租车司机：快的打车、嘀嘀打车、打车小秘、摇摇招车。帮助乘客方便、快速地找到出租车司机。

配驾租车司机：易到用车。易到用车提供专业配驾租车服务。用户发出需求，距离最近的车辆就会来接你。高端车型，专业服务，并配有专职司机。提供便捷、轻松、舒适的用车服务。

代驾司机：e 代驾、爱代驾等。通过移动互联网技术改善传统代驾服务行业。在大大降低代驾等候时间和代驾服务费用的同时，更将安全和便捷带给大众。直接显示离用户最近的5名代驾司机，最大限度地压缩客户等待时间。

医生：春雨掌上医生。用户数量超过千万，一款让用户"自诊＋问诊"的手机客户端。用户可以免费查询自己有可能罹患的疾病，免费向专业医生提问。帮助用户方便、快捷地找到医生并进行咨询。

牙医：我要看牙网。提供牙科咨询和牙医预约服务。我要看牙网也推出了移动端APP牙医问问，用户可就牙科问题向医生咨询，并直接预约附近的牙医安排就诊。

信用卡业务员：51信用卡。用户可以通过这个APP或51信用卡上的"51办卡"直达各大银行的信用卡业务员，直接获得优质的办卡服务。

理发师：美美豆。美美豆用户超过100万个，通过手机终端将用户和发型师之间的沟通管道打通，建立美发行业领域内，线上线下相结合的创新模式。

家政：e家洁。一款基于地理位置的找小时工应用，主要提供清洁房屋服务。可以随时随地给身边的小时工打电话。绕开家政公司，低价、方便、简单。

律师：大律师。一款结合"图文咨询＋电话咨询"的法律问答工具。回答客户或他人所提出的法律问题，并可向专业律师进行电话咨询。

移动互联网让很多行业和职业建立了自己的品牌，让信息更对称。

直接购买

想买什么？到淘宝？嗯，不错，现在在淘宝上是可以买很多东西，但这里还是有不少的创业机会的。项目的商业逻辑是减少购买环节、降低购买成本。用移动互联网可以实现更多的创业项目，让我们来看一些案例。

铜板街：用户可以通过移动互联网平台购买理财产品，具有安全、简单、便捷的特点。为用户精选和推荐的理财产品皆为零风险或低风险，保障用户的本金不会亏损。

格瓦拉@电影：用户通过查询电影院排片表，选择需要看的电影场次以及座位，完成在线支付，到场自主取票，整个过程省去了排队买票的时间。

航班管家：用户上千万，可以快速查询航班并订购机票，实时了解飞机起降情况，获取机场交通、餐饮、购物等信息。

智能服务

这是一个替代的方式，原来需要人服务的，现在用机器来代替。商业逻辑非常简单，机器代替人服务，效率、成本降低。最直接的是导航软件替代了原来在高速路口举牌子"带路"的人力。

以下是有关智能服务的典型案例。

景点通：一款专业景点导游应用，目前用户300多万。可任意缩放景区地图，旅行线路规划，支持景区内定位和指北针，专业的语音介绍。这是一个了解全国各大景区，懂玩乐、懂历史并为用户合理安排时间、设置好游览路线的景区私人导游。

大谷打工网：全国最大的手机招人网络，为打工者提供免费、可靠的求职平台。同时，也为各大企业提供智能专属的基层人力资源部门招聘解决方案，能替代传统的招聘会。

手机租房：借助智能手机特有的GPS定位、电话、短信、拍照、系统提醒等功能，努力尝试改变被中介统治的状态。

可提供智能服务的APP应该会有更多。比如手机挂号平台、各类银行APP等。另外，这类应用的分类也有点模糊，比如某种程度上打车APP也是智能叫车服务，替代了原来的呼叫调度中心。

分析与总结

智能手机和移动互联网技术的飞速发展带来的变化是多方位的，无论是生活方式还是消费习惯，都在发生革命性的变化。手机在生活中的地位已远远超过了通信工具的含义，它成为很多人情感上、生活中的依赖。同时，已达到6亿用户的微信及微信支付不仅通过移动支付让交易变得更简单，而且在移动平台内蕴藏着相当大的商机。

二、微信构建移动互联网时代传播新形式

有人称移动互联网为第五媒体，移动互联网让所有媒体内容移动起来。营销环境一直在随着传播介质的改变而改变，符合时下用户主流生活

体验的媒体永远是营销传播媒体的引领者。截至2014年6月底，中国手机网民数达3.24亿，较2013年同期增长了25.2%。此外，在新增网民中，使用手机通过微信下载、关注、传播信息、浏览视频及查看财经消息的网民占搜索网民的70%，手机微信朋友圈、新闻媒体公众平台转发等传播模式已经成为用户获取信息、接收信息、发布信息的一种重要方式。

微信实现了真正的一对一、一对多，文字、图片、视频等都在"手指尖"进行传播，曝光率几乎是100%。那么正是这种具有即时传播、零资费、跨平台等功能的新的移动端传播工具，丰富了我们的生活并强势地抢占了我们的碎片化时间，移动互联网时代的微信传播模式，也将毋庸置疑地成为未来主要营销传播阵地。

鉴于以上对移动互联网营销传播的环境分析，微信传播方式对企业有哪些价值呢？

（1）移动互联网让时间进一步碎片化，受众的个性化意志进一步受到尊重；以用户的位置信息、机型信息、时间信息为基础，结合用户个人习惯信息，再现用户状态、分析用户需求，为企业提供了一幅轮廓清晰的消费者素描画像，可以帮助企业找到互动、精准营销的钥匙。

（2）微信营销方式的传播，使营销更聚焦、更精准，传播成本也更低廉；手机和平板电脑等终端，既接收音频、视频，又接收图文、数据，赋予了微信移动终端强大的媒介融合能力，人们可以借助文字、图片、图像、声音的任何一种或者几种的组合来开展信息传播活动，移动媒体、移动广播、移动电视、移动网站、移动SNS、移动电子商务等不同的形态实现新的跨界组合，让以微信为主的移动互联网成为一个具有全媒介元素的传播平台。

（3）人与人之间的朋友圈关系更加凸显，使传播内容更真实、更可信。难以忽视的社交力量，让"朋友推荐"力度变强，找到自己的传教士，才是微营销的真谛。你的品牌传播者，本就不该是花钱雇来的大牌或是代言人，只有真的懂你品牌的忠诚顾客，才是品牌最大的传播者。

（4）微信成就了传播分权，使传播各个环节中的角色地位更加平等；移动互联网消除了不同媒介之间的隔断，实现了媒介大融合，使信息传播走向全媒介化。

过去我们拿钱砸广告，强迫消费者看到我们希望传达的信息。然而，当人们有了一部智能手机加上微博、微信、论坛、贴吧……每个人都成为传播者。这是个自媒体的时代。每个消费者就是一个媒体，想让消费者为你按下转发键，要先懂得创造话题，引发关注。不会有人主动为你的广告按转发键，除非是你创造了一个话题打动了他的心。

（5）微信使信息终端更多元化，实现了信息的无缝覆盖。除掉纯粹的广告宣传，微信存在营销创意的无限想象空间。

过去人们等电梯时，被分众传媒这样的平面媒体充斥了无聊的碎片时间。然而，在智能手机普及后，不论何时何地，大家都在低头看手机。结果分众不是被其他的楼宇广告打败，而是被消费者手中的那部手机打败。手机取代的，不只是传统媒体，几乎是所有媒体。身为企业的管理和营销人员，如果无法占据消费者的桌面和移动端，那么任何广告投入，浪费的将不只是广告费。

（6）利用手机应用、位置服务、微信支付、虚拟购物等形式，可以帮助企业打开一扇新的营销之窗。

要了解消费者不是"去"购物，而是"在"购物。不仅网购会击败传统零售商，而且，有了"智能手机+移动支付"，现在的消费者除了可以在家上网购物外，还可以随时随地用手机、平板电脑等购物。

分析与总结

在这些新营销模式的运营下，人们看到以微信为主的移动互联网的营销不能仅仅局限于移动本身，由于微信终端本身具有跨媒介的特质，因此微信与移动互联网或其他媒体的整合是大势所趋，通过结合不同媒体的优势从而使它们产生交互，实现更大的营销价值。让广告对驱动消费者的决策和购买行为的影响力加强，让广告更精准和实效。

三、微信营销传播形式的四大价值体现

价值一：职能更广泛

传统的营销传播模式是企业通过媒体将信息告知受众，但在社会化媒体和移动互联网时代，企业也可以通过新产品为用户衍生服务，让用户创造信息并自发传播。例如，耐克跑鞋通过无线NikeiPod运动组件与iPod实

现信息互通，iPod 就可以存储并显示运动日期、时间、距离、热量消耗值及总运动次数、总运动时间、总距离、总卡路里等数据方便消费者定量锻炼，当然很多消费者在享受这项服务的同时还会将这些运动信息分享到微博、微信和 QQ，每一次分享过程其实就是一次耐克品牌信息的传播。另外移动互联网的营销传播还可以直接产生转化，例如京东商城在地铁站内的"墙上超市"，利用微信支付功能，用户上班路上就可以完成交易过程，这既是传播渠道也是销售渠道。更广泛的营销、传播职能赋予了移动互联网与其他媒体渠道相比更鲜活的生命力。

价值二：环境更公平

在微信时代，人取代内容，成为移动互联网的基础单元，作为网络节点的用户，每一个人就是一个传播中心。每一个节点都具有信息的发布和信息的获取双重功能，人际关系网络成为双向的信息传播通道。虽然这一功能在 PC 互联网社交媒体时代也有体现，但是移动互联网时代 APP 取代了 WEB，用户可以选择安装自己喜欢的应用，也可以删除自己讨厌的应用，加上第三方应用平台的监督，移动互联网的营销传播更加公平公正。也正是以微信为主的移动互联网这一特性促使传播营销环境的进一步公平化，人们获取信息的途径更加多元化、便捷化。

价值三：传播更全面

有数据显示，在美国，有 45% 的智能手机用户会在旅行当中购物，有 51% 的会在路上购物，59% 的会在看电视时购物，79% 的会在家中购物。移动互联网有效地弥补了时间碎片化带来的时间空隙，同时多样的微信手机终端覆盖了人们日常生活所有信息的接收情境，挖掘适应这些情境的传播手段，可以使传播更全面。而移动互联网的出现要准确把握传播主线，坚持传播主题一元化，始终向消费者传达简明、准确、唯一的产品概念，客观地培育潜在客户，注重交互性和易接近性，随时随地保持与潜在客户和消费者关于传播主题的互动，使明确的信息准确到达消费者。

价值四：信息更精准

LBS 等技术实现了大空间向微空间的转变，使得微信用户行为更加明

确,70%的移动搜索用户会拨打搜索结果显示的电话。如果从时间、空间上改变传播的媒体形态,以用户为核心,分析用户需求,为企业提供一幅轮廓清晰的消费者素描画像,从而帮助企业快速找到互动传播和精准营销的钥匙,这对于消费者的实际利益点是,所获得的信息更加精准化,服务更加个性化;对于宣传者的实际利益点是,所付出的传播成本更优化,效果更直接。

四、微信营销传播的四个实施要点

微信的传播方式,对很多企业都非常必要,也更具价值挖掘空间。做好移动互联网微信营销传播的具体实施要点有哪些?

要点一:明确定位

与传统营销一样,微信营销首先需要明确定位,定位是在明确目标之后的相关营销行动策略、执行手段、传播内容和平台选择的行动指导纲领。目标明确后需要确定移动终端屏幕的选择,然后具体到各个阶段的营销传播策略、互动形式和实施步骤,将整体的营销任务进行科学的资源匹配、任务分解,这些都是利用移动互联网达成营销目标的策略根基。

要点二:以人为本

做好微信营销传播可以根据马斯洛的需求层次理论,推导出相应的营销传播策略。其中的精髓就是要"以人为本",需要考虑并尊重用户的行为习惯,关心用户的需求,不要过度营销,应该做消费者的朋友,以真正为用户带来便捷为初衷。有一个反面案例,很多人的手机每天都会有数条或者数十条垃圾短信,SMS本身应该是一条非常精准的营销通道,一旦被这些垃圾短信污染,其价值随之大打折扣甚至有消失殆尽之趋势,这些垃圾短信的背后推动者就是过度营销的决策者,更多的时候需要思考如何更好地关爱用户,如何精准结合用户需求,以服务用户为出发点,以帮助和方便用户为目的进行营销推广。节假日送一个问候和祝福,天气变化给个提醒等,让目标用户群体对品牌心存好感,至少不讨厌,才能有营销成功的可能。

要点三：整合资源

做好移动互联网营销传播，需要为确保实现目标而进行一切可利用资源的合理调配。不仅要整合移动互联网资源、朋友圈资源，还应该整合传统媒体、社会化媒体、CRM 和线下终端资源，这样才能达成营销成本最小化与营销效益最大化的协同效应，同时也让品牌的营销传播成本转化为品牌资产。

要点四：科学评估

营销评估好比一个有机生命体的大脑，演绎着判定和决策的作用。传统的数字营销评估指标是线索、销售成交、转化率等。提出的指标，是将销售的目标延伸，利用微信营销实现口碑和传统评估指标的综合提升，从而达到持续传播、优化营销和实战营销的目的。

分析与总结

在微信营销方式中，无论是以提高品牌知名度的漂流瓶方式、以草根广告吸引周边用户的签名形式或是 O2O 结合的二维码形式来实现口碑营销的传播分享方式，还是像微视频营销或微软文营销的植入广告等形式，在媒介日趋综合的移动互联网传播时代对营销都提出了新的要求。

企业在利用微信营销时，不仅要充分发挥微营销高效、便捷、精准、互动性强等优势，更要准确把握传播主线，坚持传播主题一元化，始终向消费者传达简明、准确、唯一的产品概念，客观地培育潜在客户，注重交互性和易接近性，随时随地保持与潜在客户和消费者的互动，使明确的信息准确到达消费者，这样才能促使广大移动端用户主动获取信息、传播信息。

第三节　企业为什么要重视微信

移动互联网的未来趋势使得哪里有人，哪里就有商业运作，哪里就有盈利空间。据第三方统计，70% 的手机用户开通了个人微信，其年龄涵盖了小学生至老年人的各年龄阶层的人群。截至目前腾讯已拥有 6 亿的微信用户，7 亿的 QQ 用户。消费者才是企业追逐的目标，人的数量决定了财富的数量。

2013 年年底，移动互联网转型的研讨会上，有一位专家对未来三年后的移动互联网的发展前景非常乐观，其中提到基于地方的生活服务，主要指的吃饭、唱歌、看电影、美容美发、演艺门票、公园门票等服务的电商至少有 50% 来自移动端。移动互联网的出现给地方电商服务带来了极大的契机，其中的代表型企业美团网在 2013 年其移动端的收入已超过其总收入的 50%，交易额在 60 亿元左右。无论是张小龙的视频演讲，还是马化腾的微信生态圈，透露出来的都是微信将助力传统企业迈上移动互联网的康庄大道，那么，微信对于企业的价值在哪里？

（1）微信让企业低成本进入移动互联网。

企业只需要开通一个微信公众账号就可以去拥抱微信的 6 亿粉丝，企业不必自己建立官方网站，不需要开发移动 APP，也不需要聘请网络技术人员，也不用委托网络营销公司。因为这一切微信团队在技术上已经可以很好地帮助企业。企业需要做的是如何去服务好自己的客户，让用户关注自己的微信。

（2）微信让企业不再是一次性营销。

以前传统企业做宣传和推广主要是通过当地的传统媒体或者网络营销，这样的营销被理解为一次性营销。如果企业开通微信公众账号，进行前期的宣传和推广，让企业与用户时时互动，时时营销。只要用户不取消企业微信关注，企业和用户之间就可以形成一种友好的朋友关系。企业不能过多地去关注营销，而应该更多地去关注如何服务好用户，如何给用户创造价值。只有当用户在你的微信中得到了价值和尊重，用户才能死心塌地地关注你。所以企业在向用户推送信息的时候应该站在用户角度来看信息，信息是否对用户有价值，信息的配图和排版是否满足用户的需求，推送信息的时间是否符合用户的阅读时间。这些都是需要企业去考量的。

（3）微信新的用户渠道和推广渠道。

微信 5.3 推出微信电商功能，用户可以在企业微信里完成整个交易的闭环。用户可以用微信关注不同的行业，如餐饮行业、旅游行业、酒店行业。用户可以在企业微信里完成订餐、订酒店、订门票等事宜。企业可以通过自身的渠道做推广，真正形成一个从营销到销售的闭环。

（4）微信的黏性和使用惯性。

没有人会天天上淘宝，也没有人会天天刷微博，但有人天天玩微信。

首先微信是一款沟通工具，实时通信的特性决定了其使用价值，朋友圈的分享让社会化关系代替了点对点的交互，这不仅是一种关系，更是影响力！更是控制力！基于关系网的微信，平民也有明星的感觉。其用户黏度没有任何一个产品可以比拟。

一、企业微信公众平台的五大价值体现

借助微信不仅可以实现品牌传播，而且可以笼络大批量的粉丝，进而挖掘粉丝价值并通过与粉丝的互动取得销售转化。

价值一：作为移动营销平台

① 可以实现销售引导，及时快捷地把产品或服务信息送达粉丝用户促成交易，实际上是缩短营销周期；② 可以实现品牌传播，通过微信粉丝不仅可以接收品牌信息还可更方便地参与品牌互动活动，增加互动从而深化品牌传播；③ 可以实现活动促销的最大曝光，能及时有效地把企业最新的促销活动告知粉丝用户，降低企业营销成本；④ 可以实现O2O营销的闭环，线上与线下营销的互通是必然趋势，而微信为二者的结合提供了更便利的通道。

案例解析：珀莱雅发起肌肤盈养站活动

关键词：市场活动微信化。

营销方式：2013年9～10月，珀莱雅发起肌肤盈养站活动。此次活动不仅在PC搭建了Minisite（小型网站或迷你网站），还在官方微信利用接口技术搭建了微信端的活动页面，增加了活动参与平台，使消费者在手机上就能直接体验盈养站活动，并与线下柜台和天猫旗舰店打通，消费者可根据自身需求选择奖励方式：线下领取小样或者领取线上天猫优惠券，有效提升了消费者体验以及直接的消费转化率。

回顾珀莱雅案例，此次活动将线上活动与线下到店领取、线上天猫优惠流畅地串联，实现了线上和线下三个方面的互动。

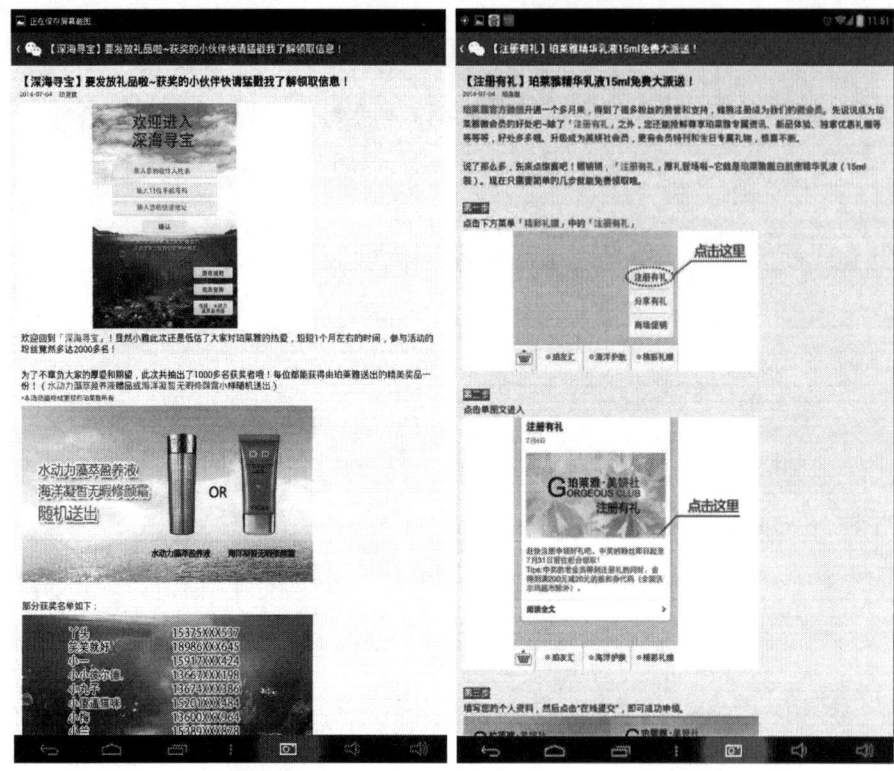

价值二：消费者调研的平台

（1）产品调研是每个企业制定经营策略非常重要的环节，大型公司甚至有专门的产品研发部门来负责。以往通过第三方公司发放问卷或者电话调研，成本高且数据不精准。通过微信直接触达粉丝用户，企业不仅可以自主接触用户而且更是节约了大笔经费。

（2）用户体验的调研。移动互联网带来了体验经济时代的来临，用户体验将成为企业的核心竞争力，它包括了产品体验、服务体验、品牌体验、物流体验等各个环节，而这些环节都可以通过微信粉丝实时地反馈，这将非常有利于企业做好运营调整。

案例解析：慕思"睡商大调查"

慕思的微信公众账号主要围绕慕思的产品特点，从较为广大受众关心的健康睡眠角度搭建内容。另外，借助微信公众账号，慕思举行了"睡商大调查"活动。活动主要是通过娱乐化的创意进行。

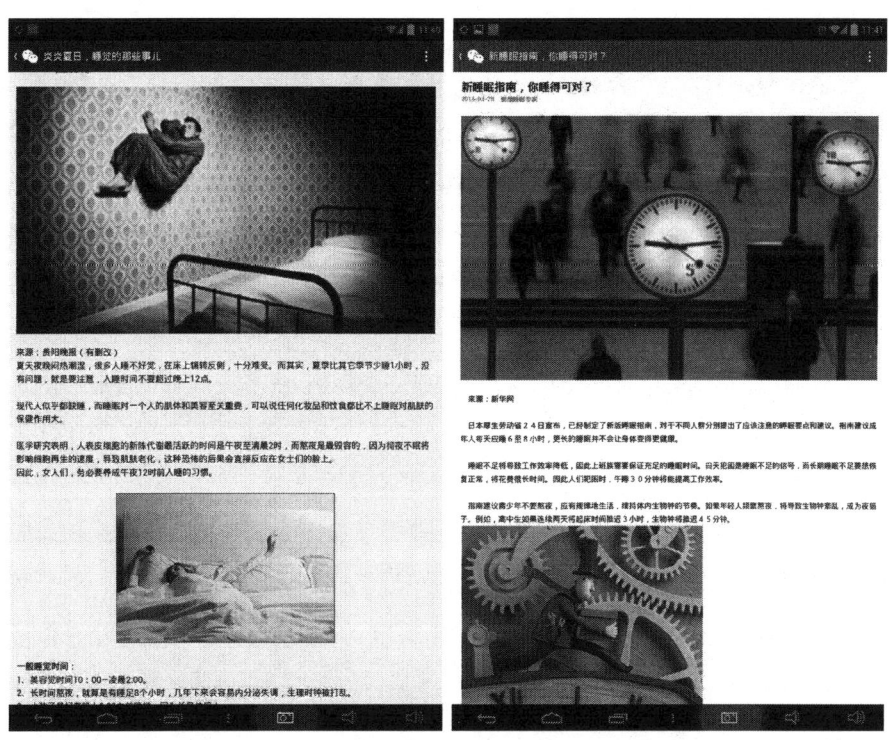

通过微信公众账号发布相关内容，进行互动调查。如"曾经一场好觉摆在我的面前，我没有珍惜，知道睡不着才后悔莫及，上天终于给我一个机会，让我重新修炼睡商，争取早日脱'困'。"

调研方式：依托于微信的庞大用户基数，通过微信推送给微信粉丝，完成需求调研。用户点击查看原文后，页面会自动跳转至企业独立的微信官方网站，借助于丰富的页面展现、产品介绍等实现产品的曝光度。

跟踪服务：根据粉丝提交的"睡商大调查"问卷可以了解粉丝的需求，找到大部分人感兴趣的卖点，然后再进行跟进互动服务，锁定市场的同时也可以及时调整自己的产品，实现企业的销售目标。

价值三：客户 CRM 管理价值

很多人根本没有理解什么是 CRM 就盲目地把微信作为 CRM 平台，其实这是不正确的做法。CRM 的核心是通过自动化分析来实现市场营销、销售管理和客户服务，从而降低营销成本、缩短营销周期、提高用户满意度。如此看来，微信实时免费触达用户本身就缩短了营销周期并降低了营销成本，与邮件和短信相比不仅更快也更省钱。微信作为用户即时的沟通工具，极大地方便了用户与企业沟通的体验和成本，特别是将微信与企业原有的 CRM 系统结合实现多人同时接入，进而提高用户对服务的满意度。

案例解析：订酒店"自定义接口"CRM 个性化服务

微信公众平台的自定义接口可以接入任何公司 CRM 系统，已经入驻微信公众账号的商家能够使用这个自定义接口向用户提供订酒店、订餐、订电影票、订明星演唱会门票等个性化服务。如果微信的自定义接口功能成功推广，微信将会成为一个综合型的服务平台。如"订酒店"这个微信公众账号已经可以实现：当用户在微信中把自己所处的地理位置发送给"订酒店"之后，"订酒店"会回复一条信息，告诉用户附近有哪些酒店可以预订，并提供可预订客房的费用和相关电话号码。微信支付功能可以让用户用手机直接下订单并支付费用。

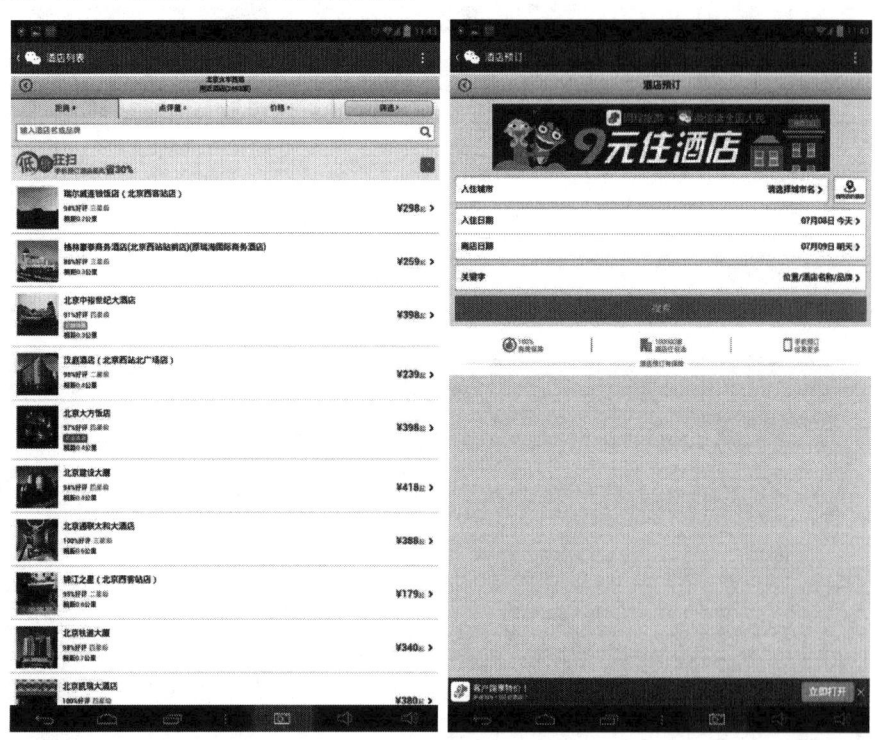

除此之外，买了平安车险的车主还可以通过微信报险。直接拍一下车辆刮擦的现场，发送给平安车险的公众账号，附上地理位置，即可完成保险报备，因为平安保险的用户信息系统与其 CRM 系统对接，在 CRM 后台管理信息系统里面已经读取到你是谁。

价值四：移动官方网站全覆盖

PC 时代企业需要官网提供信息查询，移动互联网时代企业依然需要这样的官方网站。而且用户不需要通过百度搜索或输入网址来访问，只需记住企业昵称搜索微信公众号就可以获得企业介绍、产品服务、联系方式等信息。如关注了顺丰微信账号即可微信查询快递状态，而不需要登录网站查询，节省了用户在手机与 PC 端的切换时间，提升了用户体验效果。微信上承载移动官网成为很重要的一个信息入口。

案例解析：华夏基金微信理财便捷查询

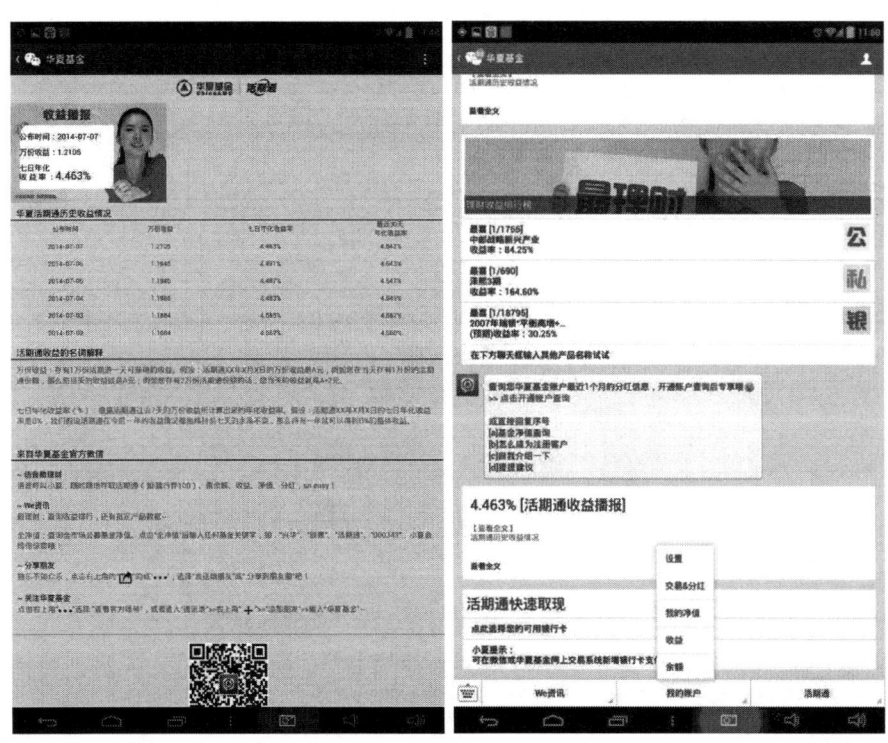

华夏基金在其微信公众平台推出了基金账户查询的微信理财服务,投资者可以用微信随时随地查询自己的账户信息。投资者搜索"华夏基金"且关注后,提交身份证号和账户查询密码即可绑定自己的基金账户,之后就可以随时随地方便快捷地查询账户余额、收益情况、交易确认、分红明细等。华夏基金表示,微信公众账号此次推出账户查询服务,不仅丰富了与客户接触的媒介,未来还可以根据客户个性化需求,为每个客户提供针对性更强的内容与服务。

除此之外,华夏基金还开始尝试在公众账号中提供一些社交互动功能,他们会通过后台数据挖掘、线上线下数据的整合来分析客户特性,并为之提供针对性的服务。华夏基金并未简单地将微信作为基金的销售渠道,而是以周为单位发布新功能,逐步尝试服务升级等方面的探索和提高,让我们有了更多的期待。

价值五:移动电商渠道

未来的零售一定是多渠道的,企业需要尽可能让消费者随时随地方便地购买到产品。例如,消费者在玩微信时突然想买一件衣服,可以不用跳出微信直接在美特斯邦威、杰克琼斯的微信上实现下单购买,更不需要下载它们的 APP 或跳转到天猫等渠道购买,这就是用户体验。因此,微信公众平台可以成为企业移动电商的渠道之一,实现选择下单和支付交易,甚至是物流查询和客户服务。

案例解析:天虹商城,微信逛街购物

微信开发接口的开放让企业微信实现个性化的菜单定制,微信支付把腾讯自身的第三方支付工具财付通嵌入到公众账号中,实现连接线上、线下的支付功能,这样一来,用户不仅可以通过微信公众账号买机票、买火车票、团购电影票、交通卡充值等,还可以通过微信逛街购物。以深圳天虹为例,只要动下手指就可以向天虹的实体百货商场预订商品或服务,实现微信购物。天虹与腾讯联手打造的微信"百货也旗舰"版,天虹通过微信自定义菜单就能够显示出比普通公众账号更加强大的功能。

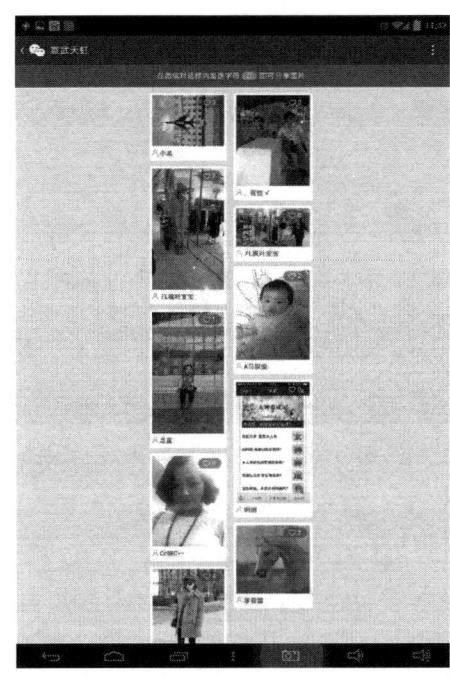

  自定义菜单是天虹根据顾客购物的痛点和麻烦点而精心设计的。顾客通过订阅能随时接收自己感兴趣品牌的新品到店通知、优惠商品信息等个性化资讯，享受无干扰的定制服务。同时，天虹的会员系统和微信系统也实现了无缝对接，即时消费可立即在本人微信客户端上收到信息，还能绑定实体店会员卡随时查询积分和消费情况，并实现"无卡购物"，利用手机上的"微信会员卡"即可打折、积分等。微信平台实现了移动电商的全功能，而且客户体验更好。

  企业应深刻理解微信背后的价值，然后结合消费者的需求来确定通过微信提供怎样的服务，这就是企业要在微信平台上做的工作，解决用户的痛点和麻烦点。所以在微信平台上做什么不要拍脑袋决定，一定要研究明白了微信的价值和用户的需求，再评估自身的能力后确定。

分析与总结

  除了以上所提到的微信基于企业的价值点外，企业更要考虑如何评估商业目标的达成，毕竟营销是需要回报的。如果只把微信平台作为一个实现销售的平台，那么企业很容易走入误区，因为没有任何策略的运营很容易失败，操作失误会造成粉丝大量掉粉、删除或拉黑，如果再想经营好微

信平台会难上加难。所以，企业需要一步一步地衡量和评估营销策略，然后确定运营目标，对每个阶段进行任务分解。

（1）如果运营目标是增加产品的销量，那么考核的关键指标是流量、到店人数、咨询量、客单价、转化率等。

（2）如果运营目标是提高品牌曝光率，那么考核的关键指标是粉丝数、转发次数、阅读率、粉丝反馈等。

以此类推，将商业目标进行指标分解，这样才能真正落地执行。

二、微信商业化的未来

微信在两年内成长到拥有6亿用户的APP巨无霸，张小龙也从默默无闻的掌舵者成为互联网大神，腾讯市值扶摇直上逼近1500亿美元俱乐部。其间还经历了运营商收费之争、手机QQ与微信左右手互搏、AT移动支付大战、微信红包等事件，微信成为当之无愧的科技媒体版面之王。2012年虎嗅网大约有3%的内容与微信有关，2013年更是达到近5%。可以说微信是在聚光灯下被众多机构及用户催熟，那么"微信已成为当之无愧的APP之王，它的下一个想象空间在哪里？"我们看一篇来自创业邦【IT时代周刊编者】于2014年5月2日源自微信转发文章中的部分内容：

打车补贴战结束之后，微信冷静下来。从发烧式成长走向慢热式成熟的分水岭出现了。仔细观察各大科技媒体，关于微信的讨论不再泛滥成灾；第三方开发者市场经过一年赛跑之后该退出的已经退出，有一定实力的撑了下来；由于官方的治理，微信营销和培训的骗子少了许多。

在远离聚光灯之后，微信受到外界干扰减少了许多。微信进入"深水区"之后不再是以产品为王，而是要不断地加强运营能力，运营的核心则在于公众账号和微信支付。

（1）微信支付进入慢运营阶段。

这一承载微信商业化重任的工具，不再被不顾发展规律地推进——为了绑卡而砸入数亿资金的事情不会再发生。微信开始想办法说服用户、培育市场、培养习惯和建立场景。微信在支付宝总部杭州建立了第一家线下体验馆，微信支付申请的门槛也在被有意降低，同时支付体验、安全技术等短板正在被补齐。

（2）微信开始"走出去"。

过去，微信严禁员工参加任何公开形式的分享，对第三方培训、营销和开发未形成有效的引导和管控，一些第三方开发者打着微信、微信研究院等名义招摇撞骗，微信也并未干涉太多，这导致整个市场非常混乱。现在微信显然希望更多地来引导微信产业更加健康有序可持续地发展。

（3）公众账号试错迭代。

微信5.0时代，订阅号和服务号同时出现，订阅号被折叠，此后微信逐步弱化营销色彩。2014年，微信开始反思这种一刀切的策略，订阅号更容易获取自定义菜单，而服务号的推送频率也变为4次/月。接下来还会开放模板消息、企业群分组等接口，公众账号改名这样的需求未来可能都会支持。未来微信公众账号很可能去掉服务号和订阅号的区别，而是对账号分层分级并授予不同的推送频率、展示位置及接口调用权限。同时，会有更多的权限和服务能力通过云开放出来。

（4）大乱之后必大治。

微信生态在过去两年多草莽生长，确实繁荣得很快，但也有不少问题甚至隐患。可以看到2014年微信开始大刀阔斧地进行一些治理。一批批营销号、敏感号被批量封杀了；而微信对于引导朋友圈、收集点赞甚至账号互推都进行了明文禁止和采取了惩戒措施。同时腾讯云上线微信服务市场，腾讯的许多能力都在开放出来。"胡萝卜加大棒"正在应用到微信上，一方面它为了降低自身风险、保证用户体验和净化微信环境进行了一些"独裁专制式"的管理；另一方面则给予整个生态更多的权限、服务和能力。

微信已进入"慢炖"时代，就像广州的老火靓汤一样。各种食材药材煮熟之后还得用小火慢慢炖，在这锅"汤"里，腾讯、微信、企业、用户和第三方的利益环环相扣。公众账号是一个前所未有的产品形态，大家都要陪着微信一起摸着石头过河。是否会经历"一放就乱，一管就死"的"杯具"就看微信的平衡把握能力了。

【IT时代周刊批注】在微信设计框架的基础上，显然它要强调的是自身成为入口的角色定位，因此其商业化路径，也会始终围绕着移动互联网产业链展开。PC时代的营销方式难以迁移到移动终端时，微信的市场空间就充满了足够大的想象力。

据微信官方透露，目前朋友圈分享传播累计超10亿次，每天用户上传的图片数量超过1亿张，这个节奏不只是让新浪微博受到影响，连QQ空间手机版和腾讯微博也难以避免。朋友圈和公众账号协同发展，媒体、社交、工具等产品形态一应俱全，微信不想成为超级平台，都难。因为除了用户基础和社交基因，还有与生俱来的异步通信、双向互动、语音、图片和位置交互等移动互联网的特征。举例如下。

友宝自动售货机：消灭钢镚，微信扫码获得饼干饮料。

海尔空调微信操控：让空调听懂人话，微信成为人与机器的接口。

ICNTV让遥控板成为历史：通过微信进行电视节目选择，付费内容购买。

印美图：通过微信支付进行照片即时打印，谁还需要拍立得。

太平洋咖啡：叮咚你收到一杯咖啡。直接扫描二维码购买咖啡后，太平洋咖啡扫码机再扫二维码校验后兑换咖啡。

易迅微信购物：直接扫描商品一键下单。

微信支付充话费：扫码充话费。

微信公众平台新增小店功能：帮商家快速开店。

好药师微信小店：首建"医药商城"。

我的钱包新增零钱功能：好友之间可互相转账。

……

分析与总结

在这些应用中，微信与硬件、电商、实体商家和生活服务打通，实现人机连接、O2O闭环。"微信是对象和消息组成的消息系统"，对象是人、电商、实体、物体、硬件，他们之间通过消息和接口互相连接。

从微信的特点看，它重新定义了企业与用户之间的交流方式。当企业成功得到关注后，便可以进行到达率几乎为100%的对话，它的维系能力便远远超过了微博。此外，通过LBS、微信语音、实时对话等一系列多媒体功能，企业可以制定更明确的营销策略，企业可以为用户提供更加丰富的服务。基于这种功能，微信已远远超越了其最初设计的语音通信属性，其平台化的商业价值对企业来说显然更值得期待。

第二章　微信支付衍生移动互联网后时代商业价值

第一节　微信支付不只是工具，而是生活

"互联网"这三个字，自从它诞生的那一天起，在人们眼中就一直是"潮流"和"时尚"的代名词。然而，如果我们略过表象，究其根本，它能够引领潮流的原因在于它时刻保持着对于自身，甚至其他行业的颠覆与变革。

这种感觉，近几年似乎变得尤其的深刻，也许你从未在互联网上用QQ聊过天，但每天一睁眼就刷手机微信（Wechat）已经成为一种习惯；你要出门，会先掏出手机用嘀嘀打车订一辆出租；你要吃饭，就先去大众点评看看哪一家餐厅口碑最好，有没有合适的团购；你想在网上购物，承诺以更快速度把商品交到你手上的是京东商城。

从2013年下半年开始，微信支付和支付宝钱包的决战让移动支付热闹起来。它们通过与线下实体商家合作，利用打车APP和春节红包等手段吸引用户绑卡和支付、利用互联网理财产品提高黏性、提升打开率，快速推动了移动支付的发展。

2014年3月以来，支付宝每天的移动支付笔数已经超过2500万笔，这一规模已经超过2012年支付宝每天日常交易的总数，足以说明移动支付市场正在爆发。

微信支付是由微信及第三方支付平台财付通联合推出的移动支付创新产品，旨在为广大微信用户及商户提供更优质的支付服务，微信的支付和

安全系统由腾讯财付通提供支持。财付通是持有互联网支付牌照并具备完备的安全体系的第三方支付平台。

用户只需在微信中关联一张银行卡,并完成身份认证,即可将装有微信APP的智能手机变成一个全能钱包,之后即可购买合作商户的商品及服务,用户在支付时只需在自己的智能手机上输入密码,无须任何刷卡步骤即可完成支付,整个过程简便流畅。

一、未来的移动生活消费

2013年8月19日微信支付的推出,不仅打破了第三方支付的传统支付流程和体验,而且通过加入社交属性,还可以根据移动场景全新设计,简单快捷是其独特优势。用户只需简单几步就可以完成绑定银行卡过程,"变身"成用户的随身小钱包。

通过微信,电商企业可以顺利实现移动端全流程的购物和客户服务(包括浏览、购物、咨询、下订单、支付、售后等服务),平时人们可以通过微信扫描商品二维码进行支付,我们再也不必担心出门忘带钱包的烦恼了。

案例一

朋友家的孩子在国外上学,朋友安装微信后随时随地和远在国外的孩子联系,最大的好处便是不受地理位置的限制,拿着手机便能和孩子视频,省了不少话费。我们在用流量套餐的时候,需要用手机开通流量包才可以,而且超出流量还要产生高额的费用,从而致使我们的沟通成本增加。但如果我们家中有无线网,你手机里已经安装了微信,甚至流量都不需要便可以和孩子聊个够。微信有留言、语音的功能,同时也增加了图片和视频的传送,可以不时接收和传递即时的照片、信息和视频,朋友再也不会因高额的沟通成本而头痛了。

另外,微信"我的钱包"的功能可以非常便捷地给孩子转学习和生活的费用而不需要支付手续费,对孩子的时时保障能够即时到账,方便、快捷的功能让用户很省心。

还有比较潮的家庭，直接建一个微信群，有爷爷、奶奶、爸爸、妈妈、叔叔、哥哥、姐姐、妹妹、姑姑、姨妈等直系亲属与家人，大家把每天自己的动态，通过语音、图片或者文字的形式发出来，每天家人都可以通过智能手机随时随地在微信群里面留言、沟通、接收信息。

案例二

白领张小姐是河南郑州人，在北京工作，2014年4月初她接到了两个朋友的结婚邀请，算了算时间，她决定五一回老家一趟。

没想到，张小姐的母亲极力反对："你车票能买上吗？回来时间也紧张得很，何必呢！我代你去一趟就行了。"

张小姐左思右想都觉得母亲替自己去参加同学婚礼不合适，但是五一车票难抢，回家既花钱又花时间，确实不划算。无奈之下，张小姐上网去求助，没想到在微博上发现多个网友都表示，现在已经用微信红包随份子了。"既好玩儿又不尴尬，以后都用这个送了。"一位网友的提示让张小姐有了主意。

就这样，张小姐用微信红包给两位同学分别转了500元钱。她还算了一笔账，自己如果回家一趟，来回路费就要花去400元，回到家后和朋友聚会又得花500元，再孝敬爸妈一些营养品也要500~600元，这还没算上回家后去周边游玩的花费，总体算下来差不多能省1500元。

用手机等新方式随份子的越来越多，"不尴尬""省事儿"是很多年轻人选择这种新型随礼方式的主要原因。

与支付宝相比，微信支付在于社交关系链，即人的链接和流动。支付宝是通过通讯录或对方支付宝账号的方式实现的，而微信则利用现有的好友关系网络。

案例三

在习惯了网购、打车用手机付款之后，越来越多的中国人在交付水、电、燃气费这些日常生活开支时，也开始尝试用手机支付。

水、电、燃气费的缴纳，是家家户户生活中绕不开的三件事。每到缴费的时间段，家住南京的王先生就要排长龙队缴费，尤其是在炎炎的夏日和寒冷的冬季，出门缴电费困扰了很多人。2013年10月，微信的"充值缴费"功能上线后，国网江苏电力马上推出一项便民服务新举措。据国网江苏电力有关负责人介绍："居民只要在收到微信推送的当月电费账单后，在微信平台上选择菜单'我的用电'，点击'充值缴费'下方的子菜单'支付宝缴费'，就可以使用支付宝轻松支付电费了。"

现在的王先生在谈及缴纳电费时赞不绝口："以前缴电费，人多时要大排长龙，现在按一按手机，微信就可以办了，方便多了！"

二、微信支付应用新场景

微信支付，专门为智能手机设计的移动支付新体验。只需绑定银行卡即可在微信内、公众号内、APP中，以及身边随处可见的二维码，简便快捷地完成付款。除了这些，你还能想到什么样的支付应用场景？对于微信用户来说，腾讯不断地提供丰富的应用场景给它的用户，同时也在不断地推动着它在用户生活中的各种支付场景。

案例一：微信支付购高温险，超37℃众安赔付

夏季"烧烤模式"天气的来袭，让众安保险在国内首次推出"37℃高温险"，该保险产品覆盖北京、南京、重庆、武汉、杭州、福州等全国30座主要城市。大家购买众安37℃高温险后，在一年中最酷热的夏至到处暑这一时间段，一旦所在城市日最高气温超过37℃的累计天数超过约定免赔天数，之后每多发生一天37℃以上高温日，被保险人每日即可领取相应额度的高温津贴。据了解，该险种的保费分为10元、30元、50元三档，用

户选择不同的投保金额,未来领取的高温补贴赔付金额也不同,最高补贴金额可达 500 元。

但不同以往的购买方式是,大家需要关注"众安保险"微信公众账号方可购买"37℃高温险"。通过"众安保险"公众账号购买高温险的流程也非常简单。点击"37℃高温险"进入投保页面,选择投保人或被保险人所在的城市以及保额,填写投保信息后,通过微信支付投保金额,在确认自己的保单无误后,即可在出现37℃高温天气后,在空调房里坐等高温补贴;与此同时,众安还呼吁:"大家除了为自己投保,还可选择帮家人或朋友购买,与他们一同分享这份夏日里的'清凉'"。

众安保险推出的"37℃高温险"采用的是自动理赔方式,赔款将会自动发放,不需要提供任何单证更不需要跑营业厅,安心吹着空调就能收钱的好事,让我们不得不认为微信生活即将打开帷幕。

案例二:快速绑定微信支付,端午也有红包拿

还记得 2014 年春节期间,"微信红包"带给你的新奇体验与惊喜吗?端午期间,微信支付联合携程等平台在端午节发起派红包活动,在将新兴社交元素植入传统佳节,创新玩法的同时,也为用户带来了更多"福利"。

为了让大家心甘情愿绑定银行卡,同时让更多的人自觉自愿开通微信支付。端午期间,微信官方推出了微信支付端午红包大派送活动,去哪

儿、携程网、美丽说、大麦网、美团网、蘑菇街等都参与其中，活动期间在以上合作商家首次开通微信支付并下单，即可获得最低 5 元、最高 200 元的微信现金红包一个，金额由微信随机抽取。

想获得微信红包的用户还需满足微信 ID、身份证、手机号、银行卡号均为首次开通使用微信支付才可获得红包。

案例三：世界杯期间"深圳供电"助你秒缴电费，畅享无限

2014 年 6 月 17 日"深圳供电"微信公众号正式上线微信支付功能，刚好处于世界杯期间，对于广大球迷朋友来说算是一份特大的"福利"了。关注"深圳供电"公众号后，不仅可以用微信支付秒缴电费，还可随时随地查询停电地图，故障紧急报修。通过微信支付直接缴纳电费，步骤十分简单，几秒钟便可完成。

停电消息轻松查

查询停电相关消息的方式很简单，打开微信进入"深圳供电"，选择"我要咨询"，再点击"停电地图"即可获取停电信息入口。

进入"停电信息"后,即可看到地图、列表两种方式,清晰了解深圳范围内所有地区的停电原因、预计恢复供电时间等重要信息。

除此之外,通过"深圳供电"公众号还可查询账户、电费、电价、营业网点等相关信息。值得关注的是,用户点击"定制微信菜单"功能,绑定合同账户后,"深圳供电"会在抄表出账的第一时间主动推送账单至用户的微信,让用户能及时获取电费信息,清楚了解消费情况。

从以上案例我们可以看到,微信支付优惠活动、红包大派送、微信支付秒缴电费等进一步提高了大家的使用频率,让用户不论是去旅行、宅在家中网购、出门听音乐会,还是随时随地团购美食、电影票、秒缴电费等,都可以用手机通过微信支付相关费用。对微信用户来说,因微信支付而"被习惯"的移动生活消费正在一点一点地融入我们的生活中,微信将逐渐成为我们移动端生活管理的重要工具及平台。

第二节　微信5.3打造一站式资金管理平台

马化腾说:"就像日常生活中人们对水和电的依赖一样,我们要做互联网上的水和电。"如今的互联网正在向你生活中的每个领域渗透,并一点一点地将你的生活圈搬到了网络上。微信5.3后微信支付又再次上线了好友间转账的新功能,则将我们的生活圈不仅搬到了网上,同时也搬到了移动的微信上。

2014年6月23日,在不到一年的时间,腾讯iOS版微信正式推出5.3版本更新,曾备受网友期待的"好友间转账"功能也同时上线。此版本功能的更新让微信用户现在可直接向个人通讯录中的微信好友发起转账,让手机转账变得前所未有的简单,就像聊天一样轻松、便捷。

新版本中,升级"我的银行卡"为"我的钱包",将"钱包""转账"、电商及生活服务应用整合其中,为用户打造出一个一站式资金管理平台。微信新版本也适用于安卓用户。

一、了解微信5.3转账功能

新版本中,开通微信支付的用户登录微信后,进入"我 - 我的钱包",点击"转账"并选择相应好友,再按指示填写需转账的金额、微信支付密码即可转账。而对方仅需确认即可收款。好友收到的款项可存储在"零钱"中,也可提现至银行卡,仅需1日即可到账。

即便是未开通微信支付的用户,依然可以进行收款。存储在"零钱"内的金额可随时用于微信支付消费、AA收款、微信红包、转账给其他好友。需要提醒的是,若收款方在1日内未予确认,款项将退还给支付方。

这种基于社交关系链的移动资金管理,不仅无须再输入烦琐的账号等信息,也大大提高了人们移动端资金管理的便捷度,同时对生活场景的覆盖也更加广泛,让移动生活更方便快捷。比如,若遇到好友江湖救急,对方又没带银行卡无法告知卡号,微信直接转账即可;还钱给好友或大家"凑份子钱",也可在微信上轻松勾选对方,即时到账,完全不需要其他烦琐操作,让手机转账变得像好友间发起聊天一样简单。

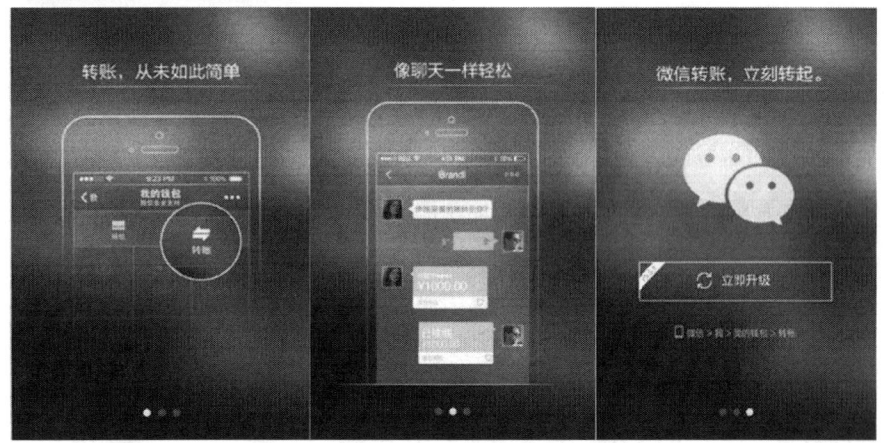

二、微信钱包激活"移动"经济

作为一款基于朋友之间的通信社交应用,"转账"这一基于好友间的资金往来场景,让微信在微信支付的基础上,为用户提供了一个更轻量且安全便捷的转账产品,日常生活上的消费均可以通过微信钱包完成支付。

例如,小商户可以因为微信钱包省去鉴别真钞假钞的麻烦、找零钱的麻烦、管理现金的麻烦,提高收款效率,提高成交几率,提高交易额;同时,因为钱包支付的前提是微信好友,这就意味着广大小商户有机会通过微信再次与这些顾客进行接触,进行沟通管理促进成交,而不必守株待兔,经营上显得更为主动。

满足用户的基本生活需求

微信支付上线后,微信在个人资金管理上已经推出了系列的新玩法,除了新的"转账"功能,还有信用卡还款、手机话费充值、购买理财产品、打车、买电影票、买机票等。用户可以用微信管理自己在微信平台上的各类资金,并直接用于支持微信的消费。这意味着小微商家的营销在微信上可以借助"微信好友+朋友圈+微信钱包"得以实现,而个人出门不用带银行卡、钱包,只要智能手机有微信就能搞定一切。

激活线上交易和线下交易

微信本身是一个社交平台,上面是用户的真实社交关系,绑卡率虽然偏低,但随着用户活跃度提高,大量场景的出现将极大激发小微商户应用微信于商业用途的热情,用户间基于微信为纽带的交易往来再次被激活。

例如,你在朋友圈看到朋友的手机壳很漂亮,马上向朋友索要链接,也购买一个;和朋友逛街的时候,饿了,打开今日美食找到饭店吃饭,吃完饭后在微信上买电影票看电影,看完电影嘀嘀打车回家,到家后和朋友AA付款;给家人打电话,家人说快没话费了,微信上马上给家人手机话费充值。微信钱包的推出实际上是丰富了线上支付、线下消费的应用场景,对于用户来说,扩展了更多适用的支付场景。

三、"微信小店",帮商家快速开店

微信公众平台于2014年5月29日推出"微信小店",微信的整体开放能力不断增强。凡是开通了微信支付功能的认证服务号皆可在公众平台自助申请"微信小店"功能,从而实现批量添加商品快速开店。"微信小店"的上线,意味着在微信公众平台上真正实现了电商的技术"零门槛"接入模式。

据介绍,"微信小店"是基于微信公众平台打造的原生电商模式,推出后将极大地丰富微信以及微信支付的应用场景,提升用户体验。同时对商家来说,可以实现更有效的触达用户,真正技术"零门槛"搭建属于自己的电商平台,为用户创造价值,用户也可在微信上得到更顺畅、更丰富的购物体验。

以下是微信官方提供的"微信小店"操作流程。

第一步：添加商品

（1）选择类目。

（2）然后再按照指引填写商品的基本信息，包括商品名称、商品图片、运费、库存、详情描述等。

第二步:商品管理

(1)商品分组管理:可以设置不同的分组来管理商品,分组可用于将商品填充到货架中。

(2)商品上下架:可以快速对商品进行上下架操作。

第三步：货架管理

（1）货架的定义：商家用于承载商品的模板，每一个货架是由不同的控件组成的。

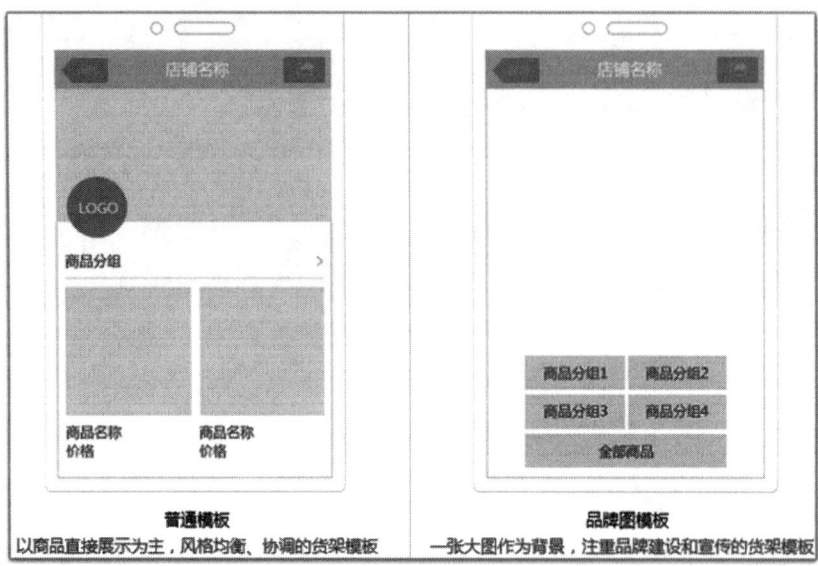

（2）选择完货架之后，商家可以将分组管理里面的商品添加到货架中。

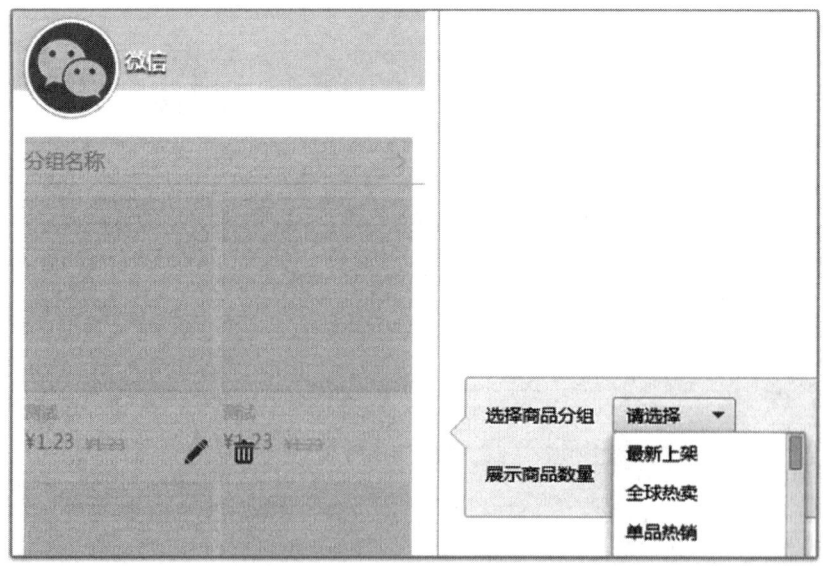

（3）发布货架：将编辑好的货架点击发布，然后复制链接，链接可以填入自定义菜单中，或者下发到商品消息中。

第四步：小店概况

可以查看小店所有的数据信息：订单数、成交量等。

第五步：订单管理

用户支付成功会生成一笔订单，商家可以查询订单，并进行发货等操作。

"微信小店"基于微信支付并通过公众账号售卖商品,可实现包括开店、商品上架、货架管理、客户关系维护、维权等功能。商家通过"微信小店",可为用户提供原生商品详情体验,货架也更简洁。

与淘宝等传统电商渠道相比,微信小店的特色在于和移动社交紧密结合。商家除了在公众号向消费者推送商品外,消费者主动在朋友圈中转发商品信息以及媒体当下对微信动态的关注和曝光,最终形成不错的流量转化效果。而从形态上,微信公众号针对性较强,媒体属性也更强,消费者在接触商品的时候,会更加容易考虑品牌、产品的品质而不仅仅是比价。

四、服务号可变"掌上商城"

关注美丽说微信公众账号,在主界面菜单栏"精选专题"中,就能看到"时尚美衣"和"品牌美妆"两个专题。如"品牌美妆"的微信小店将各类商品一一罗列展示,可以看出整个界面非常简洁清晰,商品的价格、销售数量、优惠等信息都一目了然。消费者点击商品后还能查看商品的更多细节,直接选择"立即购买"即可用微信支付进行付款。整个过程都在微信内完成,完全不需要再跳转网页的外链,不仅反应速度快,随时随地购物的体验也让购物成为一种乐趣。

好药师"微信小店"首建"医药商城"

九州通医药集团旗下药店连锁品牌"好药师"作为首批接入"微信小店"开启内测的药店连锁品牌。

用"微信小店"实现一站式购药

借助"微信小店",好药师已经在微信上成功建立起自己的"医药商城",并形成了一整套完善的医药销售服务系统。用户关注好药师微信公众账号后,在主页面底部的菜单栏即可进入好药师的"微信小店"。

进入"微信小店",就能看到所售卖的药品种类,如"中药西药""母婴专区""养生/美食""家居医疗"等,视觉非常直观。根据不同需求,好药师设置了"小店首页""六月买赠专场""家用常备药"和"杜蕾斯世界杯专场"四个实用店铺。如进入"小店首页",可以直接点击药品查询详细信息,或联系客服进行咨询,点击"购买"即可用微信支付直接购买,购药体验非常便捷。

其便利主要体现在以下三个方面。

(1)利用客服接口为用户提供 24 小时咨询;当用户提问和咨询的问题得到解答后,可以登录好药师商场购物和直接下单支付;另外,基于用户的地理位置,可以将周围 100 米左右的药店关联到用户身边;用户购物完成后，可以在消息接口发布订单信息，微信平台还可提供退货、订单查询、O2O 的药急送服务，等等。

（2）在电商消费平台当中，线下的消费场景应该和线上的相互弥补。微信小店的出现让人眼前一亮：好药师通过微信小店可以进行商品的上架、下架等服务，节省了大量的运营成本，并帮助线下连锁店快速搭建商业体系、提供更多个性化服务。利用微信和微信小店来开设线上业务，可以同时发挥出线上线下的服务优势。

（3）微信帮助商家和用户快速实现 F2C（Factory to Consumer）模式。让商家通过活动营销或话题互动的线下活动直接与用户建立联系，更直接了解用户需求，掌握第一手信息。

五、"微信小店"带来移动电商新格局

平台营销功能加强

"微信小店"的出现是微信有序开放的又一个标志，也是微信在电子商务领域的一种新模式的探索，必然为商家以及整个电子商务生态带来了新的无限可能。第一，微信作为移动互联网，离人最近的一个核心，可以创造大量的创业机会；第二，用微信创业是低成本的，通过微信创业，只要一个公众号，两三个有创业梦想的青年，就可以做起来；第三，基于社交的微信平台对塑造核心竞争力是得心应手的。

"微信小店"的推出可以更好地规范微信公众平台的生态环境，建立统一标准的接入服务，为业界拥抱移动互联网搭建更好更便捷的平台。

重在打通微信支付

作为微信商业化闭环中一项重要的能力，微信支付全面开放后，一方面代表腾讯将成为又一大电商平台，与阿里旗下天猫、淘宝商城展开全面竞争；另一方面也意味着腾讯与阿里在移动支付领域的竞争进入了正面战。

"微信支付+商家服务号"等于"支付宝+淘宝天猫"，之前腾讯、阿

里的新年红包大战、打车软件补贴大战，都是争抢移动支付用户。此次推出的微信小店更多的是为了让用户养成使用微信支付的习惯。

安全防范的措施

微信推出了安全锁，用户将微信账号与手机绑定后，就只能在绑定过的手机上登录，其他任何人若在别处登录用户的个人微信账号，用户都会收到消息提示，若为风险登录，可即刻冻结账号。其次，微信支付有单独的支付密码，这就构成了微信多重安全防护体系。而微信对公众平台安全中心的升级，更是为商家的公众账号上了一把保护锁，极大地保障了商家微信店铺和用户交易的安全性。

不少互联网业内人士表示："'微信小店'也完全可以走O2O的路线，完全可以做成类似淘点点的模式，这样会有很多线下生活服务类企业主动为微信做宣传。这样既能聚拢消费者，又能带来交易的平台，是生活服务类卖家非常喜欢的。"

六、微信电商：手把手教你如何布局

微信电商刚刚开始，很多企业都在探索阶段，关于如何运营没有一个人是权威的，但生意的本质是相通的。结合微信的特点，微信电商的运营一定要把握好以下三个关键点。

关键点一

首先就是用户群的精准定位。基于公众账号用户需求的无限细分，微信本质上玩的是社群电商。所以微信电商一定要摒弃原有PC端商城讲究大而全的玩法，定位越精准，越能满足用户群的个性化需求，就一定越有效果，无论是从活跃度还是转化率上来说都是如此。

关键点二

要掌握好微信电商的运营节奏。由于手机屏幕的限制，消费者在手机上选购的时候很难像在PC上一样详细地了解商品，也很难在各个商家之

间切换进行产品质量、价格以及服务的比较，这就使得微信电商上的购买行为一定是更加基于信任的。这就需要商家真正做到以客户为中心，做好日常运营工作的点点滴滴，这样微信电商的用户和交易量一定会逐步上升，不要总想着交易量爆炸性增长的可能。爆炸性的增长往往带来的是服务的无法跟进，最终打碎的是辛苦建立起来的信任关系。微信电商即使要做营销引发爆点，也一定要认真掂量一下自己的实力。对于微信电商来说，更多的应该是细水长流，而非立竿见影。

关键点三

最后是在微信上小心维护自己的品牌。上面提到微信电商更加基于信任，而信任建立的最好方式是品牌形象深入人心。品牌的打造有很多方法和技巧，但核心的一点是真正提供以客户为中心的产品、具有竞争力的价格和优质的服务，通过对消费者设身处地的考虑感化他们，而不是嘴里喊着"亲"，心里却想着你赶紧下单购买吧！

七、企业开通微信支付的重要性

微信支付接口的开放为第三方微信服务号提供了一整套移动支付解决方案，为企业的公众平台运营提供了更健全的"连接"能力。

（1）企业首先获得了低门槛连接数以亿计用户的机会。

（2）对用户来说，各行各业商家的接入，带来的是丰富的生活服务场景，未来无论任何时间、任何地点，一部开通微信的手机就可买衣服、买食品、订酒店、订机票等，搞定生活的方方面面。

（3）对整个行业来说，作为移动电商模式成型的重要一步，"开放的公众平台＋全面开放的支付"能力，将为该功能完善打下坚实基础，也将深刻影响移动互联网未来的发展。

以唯品会为例，用户在唯品会下单后，直接用手机扫描二维码就可以完成付款，非常方便。对于上班族来说，出差在外使用公共场所的 Wi-Fi 或者在网吧上网需要完成支付时，用微信支付更能保障隐私和安全。微信支付为用户带来了全新的支付体验，支付环节由此变得简便而快捷，这非常符合唯品会闪购的模式：既可以帮助用户快速下单支付，又能够很大程度上增加唯品会用户的活跃度、刺激交易量的增长。同时，还可以给用户带来更好的购物体验。

同样率先尝鲜的传统企业还有联想。联想中国区总裁陈旭东率先在联想服务微信上开通微信商城，让用户能够在第一时间以优惠的价格购买到联想新品，通过微信支付实现联想零售体系的 O2O 转型，计划覆盖全国上万家专卖店，关注联想服务的公众号 Lenovo Services，立刻就能找到身边的专卖店。

O2O 支付和移动电商场景的建立，给移动支付带来了空前的机遇。这也是移动互联网商业化的主要方向，巨头们都希望有自己的支付工具实现所谓的闭环。

腾讯之所以将支付重点放在微信支付，微信通过"我的银行卡"整合团购、日常生活、电商和理财等服务，是因为微信的平台性质，以及公众账号这一特殊的 WEB 应用，用户使用微信支付这一行为将会成为一种长期的消费习惯。

八、微信支付的两种使用方式

随着微信公众平台 9 大技术接口的免费开放及合作商家的不断增多，在使用微信支付过程中不仅有了更加便捷智能的体验，而且满足了用户随时随地交易支付的需求，作为当下体验最为顺畅、安全的移动支付解决方案，微信支付将以支付为核心功能，为商户提供用户身份识别、微信地址共享、支付结算、客户关系维护、售后维权、交易统计等一整套移动购物解决方案。

网页内购买场景

在公众号内放置商品信息入口，利用自定义菜单、关键字回复和 Call-Back 接口下发商品信息，用户可在微信公众号中完成商品选择、填写收货地址、完成订单支付的流程。

商品推广

商户可以通过群发、实时回复、自动回复等方式,把商品消息下发给用户。

微信扫购模式

商户可把商品信息和二维码铺到线上、线下,用户使用微信扫描二维码后,获取商品信息,同时到商户后台下单。也可以把商品网页生成二维码,发布在线下和线上的媒体,如车站、楼宇广告以及 WEB 广告。用户用微信扫一扫后便可打开了解商品详情,在微信中直接购买。

请扫一扫

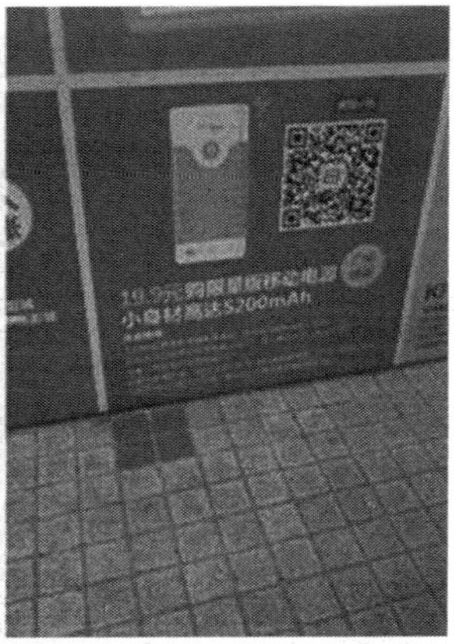

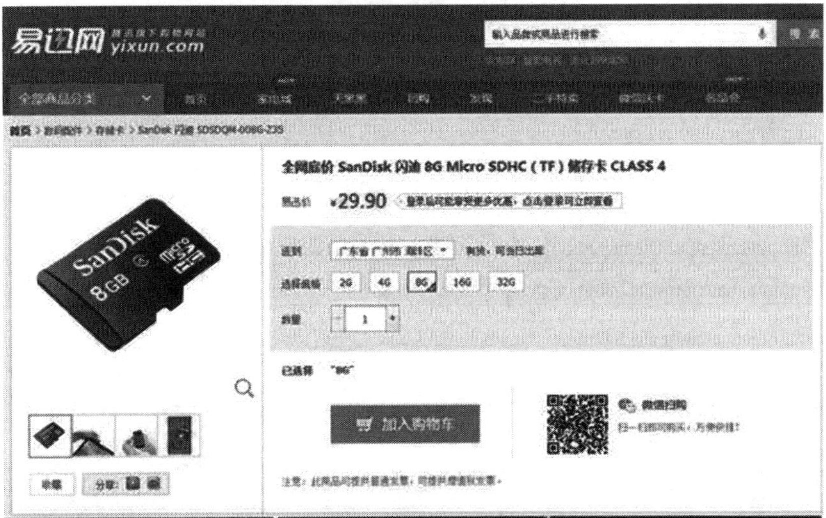
易迅网 yixun.com
全网底价 SanDisk 闪迪 8G Micro SDHC（TF）储存卡 CLASS 4
¥29.90
2G
4G
8G
16G
32G
加入购物车
微信扫购

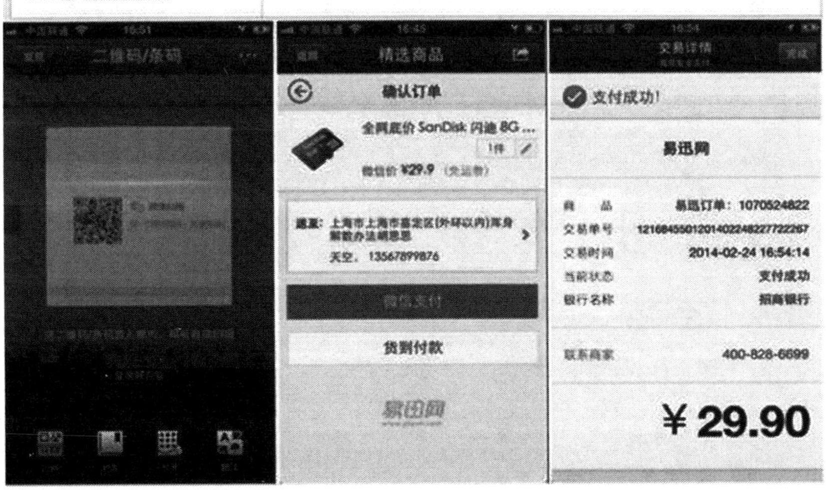
二维码/条码
精选商品
确认订单
全网底价 SanDisk 闪迪 8G ...
微信支付
货到付款
交易详情
支付成功!
易迅网
商品 易迅订单：1070524822
交易单号
交易时间 2014-02-24 16:54:14
当前状态 支付成功
银行名称 招商银行
联系商家 400-828-6699
¥29.90

购买支付

商户通过图文消息、自定义菜单、关键字回复等方式向订阅用户推送商品消息后，用户可在微信公众号中完成选购、填写收货地址、支付订单的流程。

售后服务

商家可在微信公众平台后台查询一定周期内商户交易的流水情况，数据包括订单信息、金额、买家、渠道来源等，也可以从订单中直接和买家发起对话。

开通商户功能后，商户会拿到一个财付通商户号，商家可以登录财付通企业版管理资金和进行退款、下载对账单等操作。

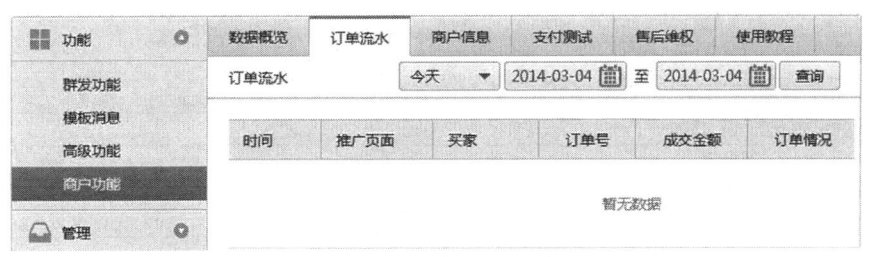

"随着微信用户规模的进一步扩大,微信支付便捷的操作,无疑将使它如同拍照、GPS定位一样,成为手机的一项基础能力和最为普及的手机端支付方式",业内专家表示,随着移动支付在人们生活服务领域的覆盖面越来越深,以微信支付为代表的移动支付也不应该只是一个工具,而是一种更有效触达用户和提供服务的平台。

第三节 电商企业助推"微信价"

2013年11月28日,15万台小米手机3微信专场开售短短9分55秒,即被抢购一空,刷新移动电商的抢购"神速度"。"双十一"期间,在微信上推出"精选商品"专场卖场,并推出首次使用微信支付返10元优惠,收获两周订单数20万单的突破。大众点评手机端接入微信支付后,在"双十一"推出的"满38元立减5元"优惠活动中,单日销量暴增10倍。

另外，蘑菇街微信支付1分钱购10元券、爱奇艺微信支付1分钱开爱奇艺会员卡、当当网微信支付100%送现金及抽土豪金等，越来越多的电商平台争相接入微信支付，并主动给出"微信价"。

微信价是什么？对于商家的意义与价值在哪里？

"'微信价'是商户希望通过让利的形式，将用户吸引到自己的电商体系里，从而得到高黏度用户。当企业主动愿意为微信推出'微信价'，其背后的意义其实是商家对这种模式的认可，也说明了微信的电商潜力和平台价值。"《商业价值》主编张鹏认为，微信为电商企业提供了一个建立用户连接，并提供长期服务能力的全新系统，"微信价"在本质上可以理解为企业"在给自己付费并鼓励用户主动建立连接"。

以大众点评为例，大众点评借助微信的账号体系，并接入微信支付功能，受到了用户的极大欢迎。在接入微信支付的一个多月的时间内，交易额增长了七倍。"大众点评接入微信支付一个月，前两周有16%的用户在两周内只用过2次微信支付，7%的人用过三次。而后两周里数据发生了变化，有20%的人会用微信支付两次，10%的人会用三次以上。这个16%到20%和7%到10%的变化，说明有很多的用户已经在我们平台上发生了支付习惯的转移。"大众点评产品及运营副总裁姜跃平指出了微信支付的巨大潜力。

微信支付+小米：微信支付买手机专享"微信价"

2013年11月22日，小米与微信合作在微信上预售小米手机3，试水移动电商，微信用户可专享"微信价"。截至27日预约期结束时，成功预约人数达193.8万。28日开售当天，短短9分55秒，15万台小米手机3即被抢购一空。此次合作创传统手机厂商与微信合作先河。

微信支付+友宝：智能售货机可"刷微信"买单

用户利用微信"扫一扫"功能，即可获得商品的信息和价格，再使用微信支付完成付款，整个过程只需十几秒。

微信支付 + 易迅网:"精选商品"将电商装进手机

2013年8月,易迅网率先接入微信支付。并于11月11日在微信"我的银行卡"界面上线"精选商品"卖场,用户无需在复杂花哨的界面里挑选商品,只需选中商品,填写收货地址,即可完成购买。这种将电商装进手机里的新型移动网购模式,赢得众多用户青睐。周订单数突破20万单,下单次数最多的一位用户一周下单30次。

微信支付 + 大众点评:团购随手可得

2013年10月,大众点评在移动端接入微信支付,推出基于"LBS + O2O"的精准营销服务理念,商家利用LBS功能,可以对本地,甚至外地的目标用户进行产品卖点的推广。大众点评于"双十一"期间推出的"满38元立减5元"活动,交易笔数暴增10倍。

微信支付 + 爱奇艺:微信支付电影抢先看

2013年11月,爱奇艺接入微信支付,并在"双十一"期间,给出1分钱包月的"微信价"。

微信支付 + 当当网:看书购物微信全搞定

2013年11月,当当网在PC端、移动客户端以及当当电子书APP等项目中,全方位接入微信支付。并在"双十一"期间推出"惊喜四重奏"的大促销活动,用户使用微信支付可专享"微信价"。

据了解,微信已逐步把支付功能开放给第三方,易迅、当当、优酷、蘑菇街、友宝、大众点评等众多企业均已接入,应用场景日趋丰富。"现阶段,是用户习惯的养成期,重要的不是谁先做,而是谁能抓住用户,并提供丰富的应用场景。从工具的角度来说未来是趋同的,但是微信的优势是在移动端的用户基础,社交属性以及整体解决方案。"有专家指出,微信的月活跃用户数已经超过了2.7亿,有着海量的用户基础和需求。

对大批传统电商而言,微信支付如同打开移动电商的钥匙,代表着未来。接入各方以突出的优惠力度来培养用户习惯,努力尝试各种可能的方式,使得"微信价"成为移动电商新的、流行的一种营销模式。

一、银行机构纷纷试水"微信价"

隐身在微信支付后面的银行机构也看到微信支付带来的巨大商机,纷纷推出绑卡优惠,欲争取成为用户微信支付的"第一张卡"。银行机构清晰地认识到,以方便为突出优势的微信支付,用户一般只绑定一张卡,"第一张卡"的用户价值巨大。

2014年年初,腾讯与中信银行、众安保险联合推出首张微信信用卡,首批将发放100万张。该卡不仅可以在手机上便捷地使用微信支付,还可以线下在中信、微信指定的特约商户进行扫码支付。

中信微信信用卡的额度

中信微信信用卡的额度分为三个档次,分别为50元、200元和1000～5000元,审批通过后将自动开通,并绑定微信支付,可以支持各种线上线下的购物场景。用户可通过微信查询账单,还可通过微信便捷还款。

中信微信信用卡享有长达50天的免息期,无年费等任何费用。据悉,该卡不仅可以在手机上便捷地使用微信支付,还可以在中信、微信指定的特约商户进行扫码支付。

微信信用卡的创新之处

盘点中信微信信用卡有诸多创新之处：一是做到了即时完成信用卡审批，即时可用，解决了实体信用卡审批烦琐的问题；二是利用大数据技术进行风险评级，确定授信额度；三是引入了众安保险作为合作方，首次在信用卡领域引入保险模式，以降低客户信用风险及银行资产风险。

据腾讯公司相关产品经理介绍："推出微信信用卡，主要是为了帮助信用好、短期资金缺乏的用户，迅速满足其消费需求，从而提升支付成功率。对于商家来说，能吸引到这部分用户，及时满足用户消费欲望，实现销售最大化。"

二、当微信支付遇上首都航空

微信支付全面开放前，微信官方邀请银行业、第三方电商平台、连锁餐饮业、民航业等20多个行业进行"试点"，微信支付开放后，整个支付环境又会是怎样呢？

2014年3月，微信支付携手首都航空推出"1分钱抢首航免费机票"活动。用户只需扫描活动的二维码，绑定微信支付成功支付1分钱，即可参与抽奖，中奖率高达100%。

作为最早开通官方微信的航空公司之一，首都航空也是微信支付的重点合作商户。以首航北京到三亚的航线860元票价为例，微信支付减20元后票价只需840元；运气好可以抽到免费机票，就马上来一场"说走就走

的旅行"。

"微信支付简单便捷的购买流程及良好的用户口碑，加上微信的海量用户，能够帮助传统商户更有效地触达用户和提供服务。"首都航空方面也表示，本次活动优惠力度大，覆盖面广，在指定时间段内航线任选。加上节后出游票价大幅下滑。在多重优惠的刺激下，能激发广大用户的出行热情，掀起新一轮的反季节旅游热潮。

三、腾讯房产尝试微信支付

2014年3月4日，微信官方宣布向已经通过认证的服务号全面开放微信支付接口，通过调整微信支付，服务号可为用户提供更便捷的支付消费体验。

2014年3月底，腾讯房产在微信支付端口开放尚不到一个月的时间内宣布：旗下无线产品"楼盘微管家（官网）"正尝试微信支付，目前已有试点项目——广西南宁"盛天新界"楼盘打通微信支付功能。

扫一扫加微信即可进入支付页面

虽然微信支付"买房"听起来是不可思议的事情，但在实际操作中，整个支付过程非常便捷。意向购房用户只需要通过二维码或者查找微信号的方式，关注项目官方微信，在菜单栏中找到"我要优惠"一项点击进去，即可进入活动支付页面。

在支付完毕后，系统会将支付信息以短信形式发送到用户手机上，方便用户确认与查看。

对于尚未开通微信支付的用户，系统将会有系列步骤引导用户绑定银行卡，进入支付页面，整个流程简单易懂。

楼盘微管家是由腾讯房产开发和运营团队推出的房地产行业微信整体解决方案。以独立开发的楼盘信息管理系统为基础，为开发商提供包括官方微信账号维护、菜单维护、接口配置、数据更新、团购组织、微信楼书等一系列全方位整合服务。

此套服务最大的亮点在于，只要是用微信公众服务号接入楼盘微管家，即可打通微信支付。据腾讯房产内部人士透露，他们会在全国铺开市场，推出楼盘微管家免费版，降低房地产微信营销、微信支付的门槛。

分析与总结

微信支付接口的开放使得微信所建立的生态圈形成了完整的闭环。而楼盘微管家的出现，则为房地产行业的微信营销，打开了新局面。

楼盘试水微信支付功能，从营销角度而言，未尝不是一次突破性创新。随着未来微信支付开放的类目越来越多，以及在担保交易、商家信用体系等方面的进一步完善，拥有海量用户和活跃社交元素的微信，将很快成为新的移动电商渠道和平台，这一切将更加充满机遇和想象空间。

四、迪信通联手微信支付

随着网络购物的兴起，网购给广大消费者带来更多优惠和更多便利的同时，也带来了相应的烦恼，由于网购前不能事先体验和感知产品，产品的好坏也无从知晓。对于用户而言，需要的并不是另一个购物的网站，而是一个线上与线下同步、能随时随地购买的渠道。看到一款好的产品，在线上能享受到优惠、在线下能享受到实体商店提供的品质才是消费者看重的。

2014年3月,国内最大的手机及通信设备连锁卖场迪信通联手微信支付,并推出"以一抵百"的优惠活动。

用户只需开通微信支付,并在参与活动的迪信通门店中扫描活动二维码或直接扫描活动二维码,然后点击"马上抽奖"后用微信支付1元钱,即可获得系统根据支付流水单号后五位数匹配生成的"成交价立减券"。

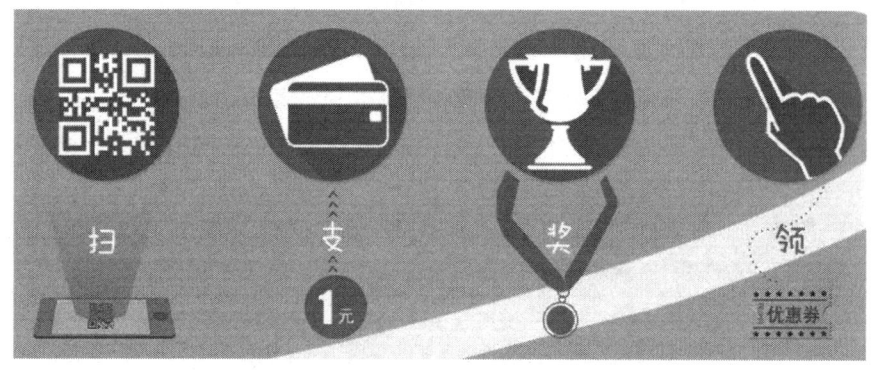

此外,迪信通还利用自身持有手机应用入口的优势,在手机用户如何安全、便捷地使用微信和微信支付方面提供支持,让用户能够愉快地完成一次1元小额微信支付的初体验。

"线下商家引入微信支付,可以让消费者在线下感受实实在在的商品的同时,真正享受到O2O带来的便利与实惠。""借助微信支付开展的

'以一抵百'优惠活动就是把消费者期待的线上、线下购物进行了完美结合,让消费者既能享受线上购物模式带来的优惠,又能从迪信通全国2000余家连锁门店中看到实实在在的商品,感受商品实物的品质与功能,还能享受迪信通优质的售后保障。"迪信通相关负责人介绍说。

分析与总结

微信支付的出现,不仅使得线下商家实现电子化管理,改变传统商业业态,同时带来更加灵活的行业生态。对企业而言,微信支付并不单纯的只是一个支付工具,其提供了四大能力,即微信账号登录、微信支付购买、微信通知互动、基于SNS的消费者主动传播分享,这就为商业场景在移动端的闭环提供了一整套全新的解决方案。业内人士指出,微信的天然属性让其在商业活动每一环节都充满优势,通过微信支付的打通,让这些优势得以为线上线下商业服务注入更多活力。标志着该企业正式从传统手机通信连锁门店经营迈向O2O闭环服务时代,让手机用户享受微信支付带来的优惠与便利。

五、微信支付安全与你有关

众所周知,支付安全首先来自支付平台的安全体系设定。在此之前,不管是腾讯依靠大数据支持能够及时判定用户支付行为存在的风险性,还是基于大数据和云计算的全方位的身份保护,同时包括硬件锁、支付密码验证、终端异常判断、交易异常实时监控、交易紧急冻结等在内的一整套安全机制来确保资金安全,移动支付的安全无疑是重中之重。

随着微信开放步伐的有序进行,越来越多的企业加入到微信公众平台。微信公众平台安全中心也在2014年5月底进行了全新升级,将原有的"手机保护"升级为"微信保护"。原"公众号助手"功能也已升级为"公众号安全助手",并新增安全提醒、安全保护、群发时的多人操作支持等功能。

(1) 微信保护。

运营者在进行群发操作时,必须通过公众安全助手绑定的微信号进行确认。当发生盗号或者其他风险行为时,可以有效阻止违规或违法内容的发布。

例如，有人盗取了你的账号密码，企图利用你的公众号发布小广告等违规违法内容，这时如果你开启了"微信保护"，系统就会发送消息到你之前绑定的微信号上，请你确认是否发布。

（2）安全提醒。

如果运营者不愿意开启微信保护，那么还可以通过设置开启微信"安全提醒"，在公众号可能出现风险操作行为时，管理员可以第一时间了解公众号的所有操作行为。

开启"安全提醒"后，即使被盗号，只要盗用的人登录你的公众号，系统就会立即给你绑定的微信号发送提醒，对方的一举一动都在你的"视线"里，此时应赶紧采取措施冻结账号。

"微信保护"与原"手机保护"的区别

与"手机保护"通过短信验证的模式不同，在"微信保护"模式下公众号运营者可以通过"公众号安全助手"绑定微信号，这样在公众号进行风险操作时，需要通过绑定的微信号进行验证才能够继续操作，有效阻止了因盗号而产生的违法违规内容的群发和其他有害操作。

这就好比给公众号加了个"远程控制"管理员，无论发布任何消息，都必须经过这个管理员的同意。在这样的"微信保护"模式下，各公众号的运营者可放心实现多人操作。

目前，很多公众号都是团队运营。使用"手机保护"模式时，还是会遭遇一些限制，比如手机号持有者需要休假、手机丢失等。但在"微信保护"模式下，运营团队可以专门开一个新的微信号来绑定"微信保护"，并由团队成员轮替来管理，不再受手机号的限制。由此一来，既提升了公众号的安全级别，又使运营团队获得了更大的自由度。

已开通"手机保护"功能的用户申请"微信保护"步骤

在此之前，开通了手机保护的公众号，可通过开通安全保护的流程，来开启新的安全保护（安全微信号验证）。登录公众账号后，点击"设置"-

"安全中心"-"安全保护",进入安全保护详情页开启保护。开启后,微信号保护即自动代替之前的手机保护。

六、开启微信保护的操作步骤

"微信保护"的推出不会对微信公众号的正常推广行为造成影响。

微信公众平台安全中心的升级是面向所有公众号的一次安全升级,公众号可自由选择是否绑定"微信保护"或开启"安全提醒"。升级后将会更加保障账号的安全运营和内容推广。

下面我们详细了解一下如何升级安全防护措施,开启"微信保护"。

(1)原"公众号助手"升级为"公众号安全助手",绑定了公众号安全助手的微信号,将被视为该公众账号的管理员。

公众号运营者可以通过"公众号安全助手"绑定微信号,这样在公众号进行风险操作时,需要通过绑定的微信号进行验证才能够继续操作,安全级别进一步提高,有效阻止了一些违法违规内容的群发行为和操作。

绑定微信号至公众号安全助手的方式很简单。

① 进入"设置"-"公众号安全助手",并点击"立即绑定"。

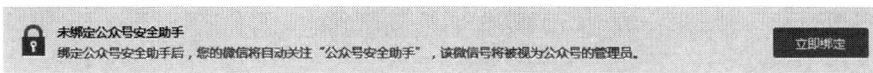

② 操作前，需要先进行验证，大家可选通过登记手机号，或者登记身份证号来验证。之所以需要验证，是为了对绑定微信号的操作者的身份再做一次安全确认，通过对原始信息的验证，充分保障安全。

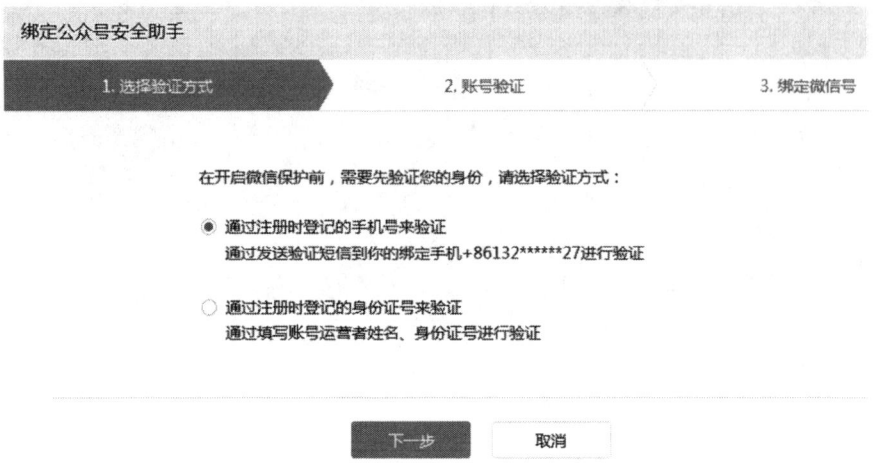

③ 选择手机号验证，系统将发送验证码到该手机号，正确输入验证码，即可进行绑定微信号操作。

（2）原有的手机保护改为微信保护，开通了微信保护后，在公众号进行风险操作时，需要用公众号安全助手绑定的微信号进行确认验证。在安全措施基础上做进一步安全升级。

"微信保护"开通后，除管理员外的其他人登录并操作群发扫码时，公众号安全助手会发送模板消息通知管理员，管理员点击同意操作后，才可群发，让公众号的群发机制更完善、更安全。

随着手机逐步成为人们经济生活的中心，移动支付也必将成为支付方式发展的一种趋势，安全无疑将成为移动支付发展的重要保障。根据艾瑞网的数据调查表明，至少52.8%的网上支付用户关注网上支付的安全问题，移动用户在这方面的需求更是超过这一比例。多位专家表示，微信支付的安全保障能力业界领先。微信支付团队负责人也表示，"希望微信在保护用户体验和安全的基础上，提供基础服务，支持合作伙伴开发各种服务场景，携手共筑移动电商的全新生态"。

第三章　微信公众平台使用攻略

第一节　新版微信公众平台

2014年7月初，微信公众平台进行改版，改版后的微信公众平台采用全新的扁平化视觉风格和微信APP的设计风格非常类似。不仅仅是视觉上的改变，微信官方称此次微信公众平台改版，有164处以上的细节改进，以提供更易用的用户体验。其中比较重点的功能介绍如下。

（1）允许在图文消息中加入跳转链接。

新版微信公众平台，对开通了微信支付的公众号，允许在图文消息中加入跳转链接。对订阅号而言，可以在文章内容中增加链接，实现流量引导的作用，获取更多的曝光；对服务号而言，可以在图文消息中增加商品链接，直接导向交易。

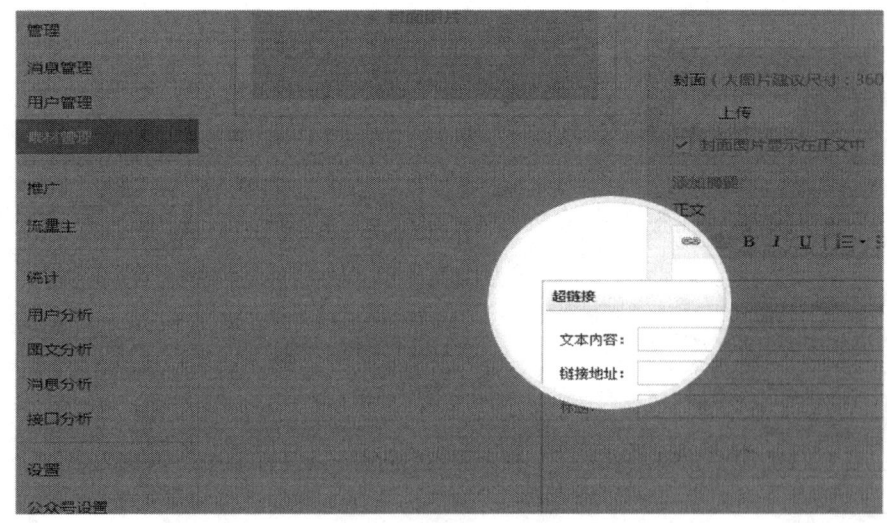

（2）将服务中心升级为功能插件。

在新版微信公众平台中，每个公众号都可以在添加功能插件页面，看到该账号能申请的所有功能。目前看来，微信公众平台的很多功能，全部都将以插件的形式放在该菜单下。但需要注意的是，只有申请成功的功能才会显示，没有申请成功的功能，则没有显示。

添加功能插件

你可以添加下列需要的功能，丰富公众号能力和体验。

群发功能
公众号可以向关注其账号的用户群发文字、图片、图文、语音、视频等消息。　　已添加 >

自定义菜单
公众号可以在会话界面底部设置各式各样的自定义菜单，并可为其设置响应动作。　　已添加 >

自动回复
公众号可以针对用户的行为来设置特定的回复内容和丰富的关键字回复规则。　　已添加 >

（3）商户功能改名为微信支付。

微信官方表示，新版微信公众平台为便于企业或商家认知及申请微信支付功能，公众平台原"商户功能"更名为"微信支付"。更名后微信支付具体功能保持不变，仍为集推广销售、支付收款、经营分析等功能的整套解决方案。

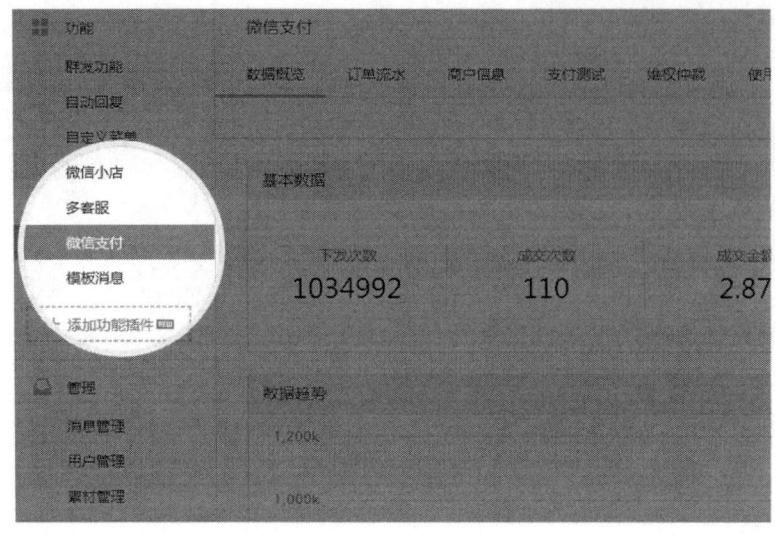

（4）新增开发者中心。

微信公众平台删除了编辑模式和开发模式，所有的第三方开发全部集成到了"开发者中心"里面。微信表示，这样做是为了让普通用户更方便地使用公众号，开发者也可以在开发者中心统一管理开发资源、权限和配置。

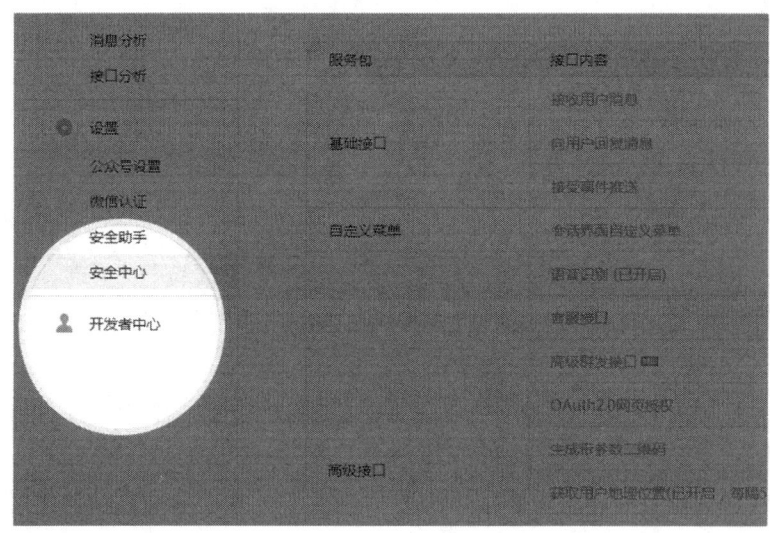

（5）全新的视觉，优雅清爽。

扁平清新的视觉风格，统一规范的界面元素，化繁为简，全面提升公众平台的使用效率。

（6）超过164处的细节改进，以提供更易用的用户体验。

在众多新增功能中（包括允许在图文消息中加入跳转链接、新增开发者中心、将服务中心升级为功能插件等），我们不难感受到，微信电商的气息越来越重。其中为方便企业或商家认知及申请微信支付功能，公众平台原"商户功能"更名为"微信支付"。更名后微信支付具体功能保持不变，仍可以实现推广销售、支付及收款、经营分析等功能。

同时，在功能菜单中，用户还可以添加"多客服"插件，以及微信小店中为商户提供了一套添加商品、订单管理、商品管理、货架管理等解决方案。

通过此次微信公众平台的改版，不难发现，微信涉足电商已成为不争的事实。作为移动互联网时代的产物，微信极具杀伤力。借助这张移动互联网"王牌"，腾讯未来是否能够撬动阿里巴巴的电商帝国，在电商市场占据一席之地，我们将拭目以待。

一、了解公众平台数据统计功能

2014年8月7日，微信公众平台数据统计功能升级，开放了更多的统计功能，其中最重要的是开放了新增粉丝的来源渠道数据。这个数据能对微信运营起到非常重要的参考作用。这也让微信运营和网站运营更像了，可以说是网站运营的升级版。但网站运营的是流量，而微信运营的是粉丝，更加直接一点。

为了让我们更清晰地看到新增的粉丝是通过什么渠道来的、哪个推广渠道更有效率、企业应该集中优势兵力重点突破哪个版块等，以下截取了部分图片以帮助我们更加清晰地了解数据统计功能。

（1）用户增长页面增加增长来源统计，可按来源查看新增人数。

（2）用户属性页面增加终端和机型分析，可查看用户使用哪些终端和机型。

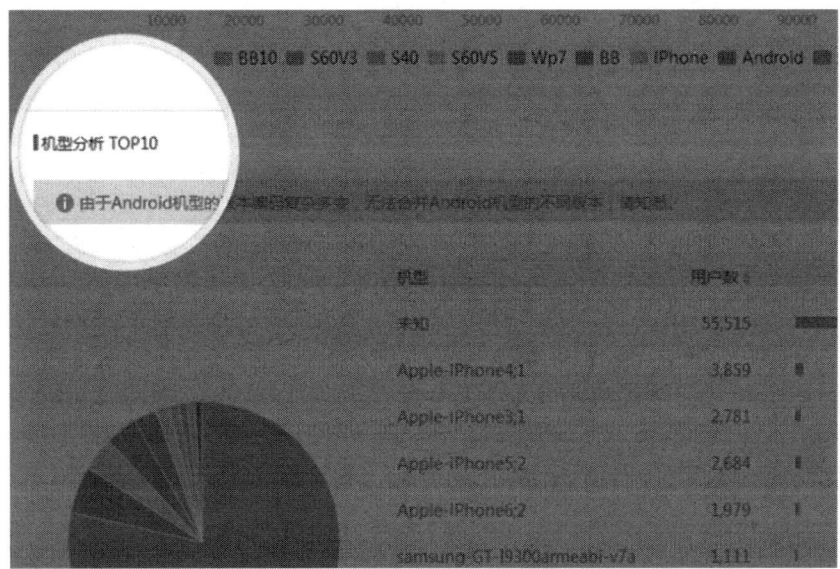

（3）图文群发页面增加图文详解功能，可查看图文消息的详细属性和读者的属性数据。

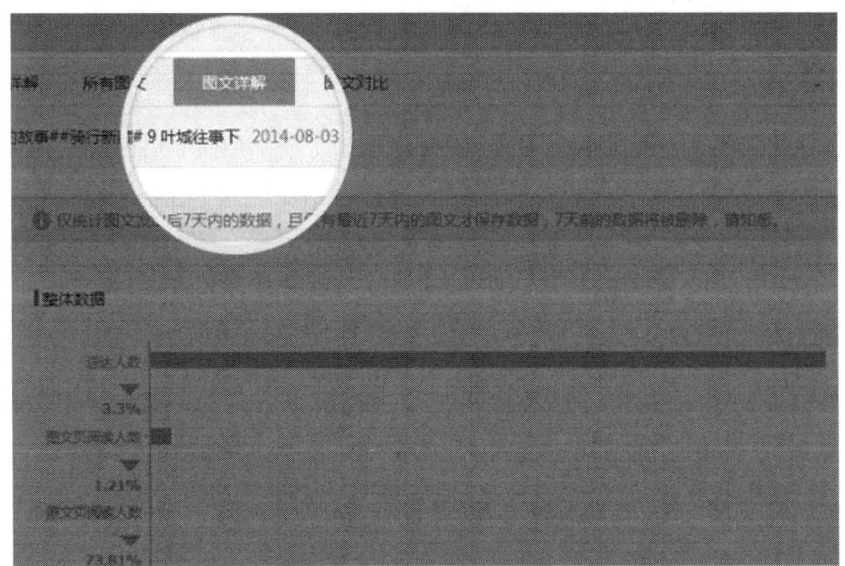

（4）图文统计页面增加阅读渠道统计，可按渠道查看图文页阅读数据。

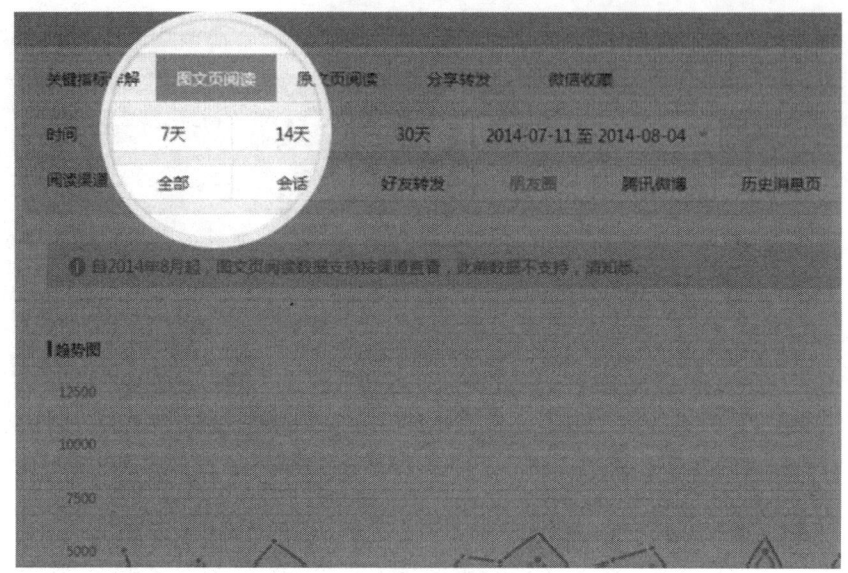

（5）图文群发页面和图文统计页面增加微信收藏统计，可查看每篇图文的收藏次数，或所有图文的每日总收藏次数。

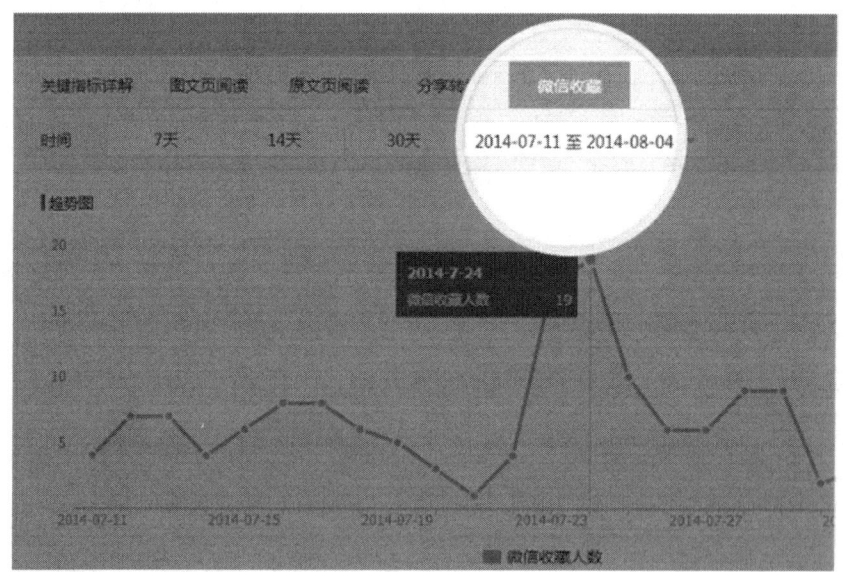

(6)增加消息关键词页面,可查看用户发给公众号的消息中有哪些关键词,便于公众号了解用户需求。

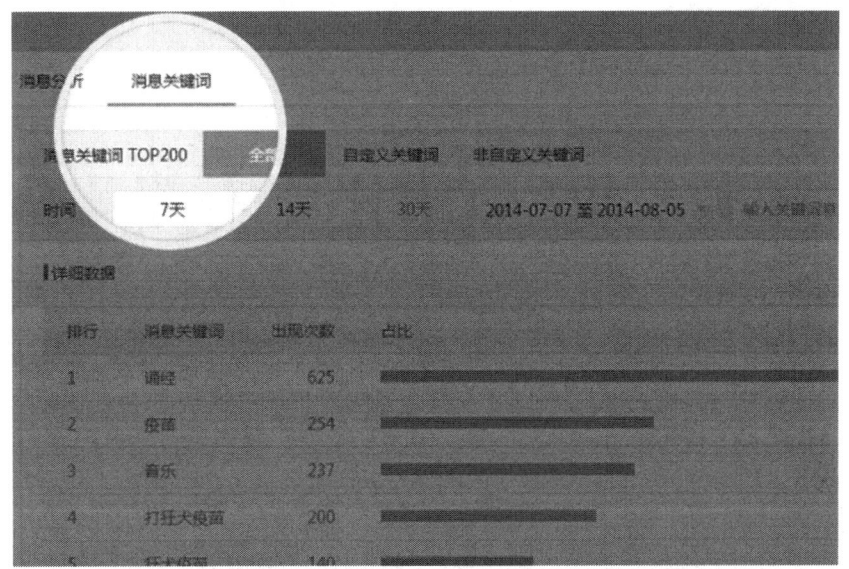

微信公众平台统计的新增粉丝来源渠道包括:搜索公众号名称、搜索微信号、图文消息右上角菜单、名片分享、其他。这个其他包含的真是太多了,包括图文消息标题下蓝字关注、二维码扫描、广告系统投放关注等。从笔者运营的公众号分析,新增粉丝来源最大的是其他(占比40%以上),第二大来源是搜索公众号名称。

我们可以预测接下来微信运营必然的两个发力点:一个是投入资源来推广二维码,通过广点通来付费涨粉丝,图文页面设置引导关注;另一个是微信搜索引擎优化,参考SEO(搜索引擎优化),可以叫做WSEO(微信搜索优化)。鉴于大多数人总是缺乏理性思考,以下总结几点有关微信搜索引擎优化的要点,分享给大家,以引导大家多加思考。

微信公众号搜索排名机制

搜狗微信的上线,可以用来查找微信公众账号以及搜索相关关键字的微信内容(只限公众号),最重要的是微信公众账号的内容不仅在使用搜狗微信时可以看到,更被搜狗用来作为参与网页搜索排名的一部分。也就是说微信公众账号,不仅仅影响着你的订阅用户量,也可以用来参与搜索引擎排名。从搜索引擎获取流量，从而为公众号或网站带来流量及转化。

因此，了解微信公众账号的搜索排名，对我们来说是非常重要的。

微信公众账号搜索排名优先级

① 已经认证的微信服务号优先于认证的微信订阅号；

② 认证的微信订阅号优先于用微博账号认证（认证接口基本关闭）；

③ 已经认证的微信账号优先于名字还没有认证的微信公众号；

④ 名字还没有进行认证的微信公众号优先于还没有申请认证的公众号。

微信公众账号内容排序机制

目前看来，是以微信公众账号内容发布时间的先后而排序，即微信公众号发布的内容的时间越早，排名越靠后，类似新闻资讯排序，越是最新发布的内容排名越靠前。

公众账号参与排名资格

用户在使用搜狗搜索查询关键词的时候，参与网页排名的是微信公众号发布的文章页面；使用搜狗微信则按"文章"和"公众号"两项来搜索排序，我们可以默认为公众账号是靠文章来增加搜索。

搜索微信公众号的受欢迎程度

① 参与网页排名的微信公众号文章多以标题中包含关键词为主，就有机会再搜狗搜索的网页中获得最佳排名，公众号的关注度随之而增加。

② 利用微信公众账号来做搜索，搜索关键词在微信公众号名称中的位置，比如"微信营销"优于"张三微信营销"。

影响公众号排名的因素

① 互动量。关注后强烈引导用户互动。用户首次关注后自动回复，设置好导航，回复什么关键词可以得到什么东西。

② 掉粉会降低排名。

③ 微信公众号简介中最好包含关键词。

④ 订阅号和服务号分开。占据两个排名。可适当分别设置不同关键词。订阅号的内容里亦可推荐服务号。

⑤ 日常宣传活动中多推广二维码或者微信账号（不是微信名称），微信认证是年审，下一年你没法通过认证，你之前推广的排名第一的名字可能就不是你的了，那么你之前做的所有努力，都是在为他人做嫁衣。

⑥ 重视 weixin.sogou.com 这个订阅号搜索引擎。可以做适当优化，增加关注。由于订阅号内容的相对封闭和原创性，未来可能有更多的网站来转载这里面的内容。做好优化和内容中的账号展示也值得重视。

二、微信公众平台类型区分

2013年8月5日，微信公众平台进行升级，将微信公众平台分成订阅号和服务号两种类型。微信公众账号的用途非常广泛，政府、媒体、企业、明星等都开始建立独立的微信公众账号平台，进行个人、企业等活动

的宣传、营销。

服务号是公众平台的一种账号类型，旨在为企业和组织提供业务服务和用户管理。服务号于2014年4月15日调整群发消息次数，由原来的每月1次改为每月（自然月）4次。服务号发给用户的消息，会显示在用户的聊天列表中。并且，在发送消息给用户时，用户将收到即时的消息提醒。

订阅号也是公众平台的一种账号类型，旨在为媒体和个人提供一种新的信息传播方式，构建与读者之间更好地沟通与管理模式。订阅号每天可以发送一条群发消息。订阅号发给用户的消息，将会显示在用户的订阅号文件夹中。在发送消息给用户时，用户不会收到即时消息提醒。在用户的通讯录中，订阅号将被放入订阅号文件夹中。

服务号与订阅号的主要区别

① 服务号可以申请自定义菜单，而订阅号不能；

② 服务号每月只能群发4条消息，订阅号可以每天群发一条消息；

③ 服务号群发的消息有消息提醒，订阅号群发的消息没有，并直接放入订阅号文件夹当中。

三、企业微信公众平台建设指南

微信开发即微信公众平台建设，可以通过微信公众平台注册公司的公众账号，然后搭建自己的微信公众平台，也可以通过微信第三方服务平台进行搭建。

通过微信公众平台将企业品牌展示给上亿微信用户，减少宣传成本，提高品牌知名度，打造更具影响力的品牌形象。建立企业与消费者、客户的一对一互动和沟通，将消费者直接接入企业CRM系统，提供更好的促销、推广、宣传、售后等服务。

（1）服务号开放的自定义菜单给了我们最好的选择。

粉丝每次进入服务号都能在最显眼的位置看到每个服务号的特色功能导航，我们再也不用担心粉丝不知道如何获取相应服务。

（2）自定义菜单可以通过微信公众平台来实现。

自定义菜单的优势不仅在于可以在最显眼的地方最直接地展示特色功

能，而且还可以让粉丝无论过多久才回到服务号来仍然知道要如何与服务号进行有效互动。

（3）自定义菜单让"服务"一目了然。

粉丝每次进入服务号都能在最显眼的地方看到我们最希望展示的内容，并了解如何正确获取相应信息，因此不必再依赖群发微信的方式进行推广。如果没有自定义菜单，很多运营的公众账号又不注重互动的逻辑引导，一旦关注了很久之后再与公众号互动时，关注时自动回复的功能引导消息早已被其他消息覆盖，粉丝也早已忘记了相应的规则，这时自定义菜单的重要性就显现出来了。

企业可以实现低成本微信公众账号的搭建与运营，并帮助网上商城用户同其客户建立网络销售关系，微信公众账号开发承担着整个营销角色，可以帮助企业完成以下工作。

① 产品销售：永不关门的产品展示、销售平台。

② 订单来源：提供自助式的订单填写向导、历史订单追溯、在线比价等多种销售服务。增加了销售服务水平，同时降低了销售服务的人力成本。

③ 售后服务：保留历史账单有助于加强对用户消费行为进行分析，从而更好地为用户提供消费体验。为用户提供相关产品的有关知识、使用说明、选购指南等引导，帮助消费者购买产品。

④ 品牌价值：在订单、投诉、购买指南等方面细致的体验有助于培养网站顾客的品牌忠诚度。

企业微信公众平台可以成为企业的移动营销平台，帮助企业实现销售引导，及时快捷地把产品或服务信息送达粉丝促成交易，缩短营销周期。通过微信粉丝不仅可以接收品牌信息还可以更方便地参与品牌互动活动，增加互动，从而深化品牌传播，及时有效地把企业最新的促销活动告知粉丝用户，降低企业营销成本。

四、教你玩转微信公众平台开放模板

2014 年 8 月 14 日，微信公众平台又迎来一次重大更新，正式开放了模板消息功能（指的是公众号可以向其用户发送模板库中预设的消息）。通过接入模板消息接口，公众号可向关注其账号的用户发送预设模板的消息，以便向用户及时发送重要的服务通知，如信用卡刷卡通知、商品购买成功通知等。

模板消息功能的上线将极大地增强服务号的服务通知能力，使商家与用户能进行更为丰富的双向互动，提升企业的品牌形象。模板消息功能的开通使用非常简单，下面让我们详细了解一下开通流程。

Step1. 申请开通"模板消息"功能

为保护用户的使用体验，目前，具有支付能力的公众号才可以使用模板消息进行服务。符合使用条件的服务号登录微信公众平台都可在"功能"－"添加功能插件"选项里看到申请"模板消息"的功能入口。点击"模板消息"进行申请并获得使用权限后，即可开始使用。

Step2. 确认所属行业，挑选行业模板

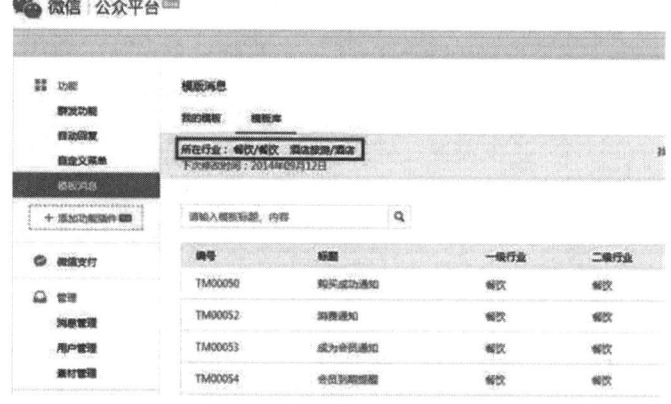

已开通模板消息的服务号在公众平台"功能"菜单栏中可直接看到"模板消息"选项，点击后即可进入模板消息界面。公众号运营者首先需

要选择账号服务所处的两个行业，进而点击"从模板库中添加"按钮即可从模板库中选择这两个行业的模板进行服务通知。

每个具有支付权限的公共号可以同时使用10个模板进行服务。

Step3. **查看模板详情，管理"我的模板"**

添加模板消息后，进入"我的模板"即可查看模板消息详情和删除管理。

通过以上三个步骤，即可开通并使用模板消息功能。

特别提示

模板消息仅用于公众号向用户发送重要服务通知，如信用卡刷卡通知、商品购买成功通知等。为了使我们的微信公众账号在正确的方式下运营，要特别注意，不要使用模板发送垃圾广告或给他人造成骚扰，也不要使用模板发送营销类消息，一定要在符合微信官方要求的场景时发送模板消息。现在，只要是具有支付能力的公众号都可以自助申请开通模板消息，更好地为用户服务。

五、微信公众平台能为企业做什么

很多企业在开通微信公众账号的时候，是否思考过微信公众账号运营到底可以用来做什么？微信公众账号可以帮助企业实现展示、内容传播、客户服务、线上线下活动、成交五大功能，企业要抓住这些要点。

品牌展示

微信公众平台配合微网站可以实现对企业形象、企业文化、所售产品、门店信息、专属服务的精美展示，可以快速提升品牌在消费者心目中的可信度。通过一些简单应用的开发还可实现针对消费者的增值服务，帮助品牌更好地迎合消费者的需求，增加消费者对品牌的认可度和忠诚度。

内容传播

微信是强关系的社交圈子，其传递信息的阅读专注度较其他媒体更高。建议企业利用具备趣味性、知识性、自定义性质的微刊（贺卡、病毒游戏类）应用进行微信营销活动，通过自定义关键词、朋友圈和指定好友观看，来传递自己想要传递的资讯，达到培育市场、培育潜在消费者的目的。内容的传播一定要遵循有用性、趣味性和针对性，要考虑粉丝想看什么而不是你想给客户看什么。

客户服务

微信公众平台非常适合做企业客服，企业 A 与用户 b 和 c 之间的互动是一对多，A 与 b 之间和 A 与 c 之间的互动、b 与 c 之间的互动相互不知道，这在一定程度上减少了无关者的围观，也容易处理一些负面消息，能将负面消息控制在客户和企业客服之间，避免不必要的麻烦。微信的语音支持，是天生的客服管理属性，可以更好地赢得消费者的信任，而且微信的关注用户只有微信公众账号运营者一人知晓与微博的有几十个名额的悄悄关注不同，更便于企业隐藏核心用户。

线上线下活动

微信非常适合作为线上线下活动的召集者、传播者。微信公众账号可以实现用户分组群发和指定地域群发，配合标签功能，通过和粉丝进行互动，以实现与客户成交，同时挖掘潜在客户，等等，可以让企业实现对不同级别、不同类别、不同产品线、不同地域的客户进行精准化的推广。

产生订单

微信营销除了传播效果外，还要更加重视最终成交效果，毕竟成交才是硬道理，也能反映出传播效果的价值。微信营销要实现成交，必须做好销售工具、挖掘转化和关系深化这三步。销售工具涉及产品展示（网站的整体感觉、详尽可信的介绍、产品细节图片、消费记录和评价、客服等）。挖掘转化则需要客服先避开微信只能被动联系不能主动联系消费者的瑕疵，主动向消费者索要 QQ 和手机号等关键信息，通过周到细致的服务实现成交和持续成交。关系深化就是要求公众账号的客服和运营人员要以人和人的关系深化为最终的目标，让微友从陌生人发展成潜在客户，最终变成朋友和老客户，达成最优的成交效果。

第二节　服务号、订阅号运营准则

2013 年 8 月 5 日，新版微信将公众账号即订阅号折叠是应对利用公众号滥发信息的急功近利行为，但如果限制群发功能，势必会损害公众平台的吸引力，伤及根本。所以，折叠可以说是折中的方案，在尽可能大的程度上减少信息泛滥对用户的干扰，客观上遏制了滥发垃圾信息的行为。这有利于公众平台的长期发展，而并非是微信官方削弱公众号的地位。

那么，订阅号被折叠后，是否会降低到达率呢？从微友们的体验来看，基本不会影响。因为订阅号现在是微信上最主要的信息源，用户依然会点开订阅号按钮去收看自己感兴趣的内容。从各方面的分析来看，大家有基本的共识，反倒觉得折叠后用户体验更好了。

在这种情况下，内容就更加重要。随着订阅号数量越来越多，用户对于账号的选择会更加挑剔，所以每个账号必须有清晰明确的定位，且要名副其实，提供属于自己独特价值的信息，这样才能吸引和留住用户。

服务号运营，就是要"脱颖而出"

服务号是微信官方一直提倡和希望重点发展的，新版对于服务号的设置进一步明确了这个意图，而且随着服务号的独立、公众平台的地位进一步巩固其形态基本形成。企业应该怎样来做个"腔调十足"的服务号呢？

举两个例子来说明这个问题

首先看看微信公众平台，自己的公众号属于服务号，但是该账户只是通过自定义菜单提供了诸如使用疑难、公众号介绍、联系客服等说明性内容，基本没有有价值的服务功能，也没有实现手机端申请公众账号的功能。像"微信公众平台"这样的账号，还不如就用订阅号，定期发布使用指南、典型案例，反倒比没有新意的服务号更有价值。

其次看看小米手机的官方微信，小米手机官方微信提供了购机和配件的入口，还有充话费的功能，总的来讲提供的服务功能还是比较有限的。这样的账户对于非小米用户或者准用户而言吸引极其有限；对于小米手机用户而言，如果其不能在客服方面做出亮点，也很容易被用户遗忘。如何让更多企业的服务号从中"脱颖而出"、独具特色呢？请看以下五条攻略。

攻略一：陪聊式服务：在线陪聊，不忽悠

微信与微博相比，它的精准性、私密性和互动性更强。于是在微信这个私密空间进行互动本来是一件可以为品牌加分的事。杜蕾斯在江湖中首创的陪聊式营销赢得了极高的江湖地位。杜蕾斯专门成立了8人陪聊组，与用户进行真实对话，对话也一直延续微博上幽默、双关的风格，使用户对其"性趣盎然"。

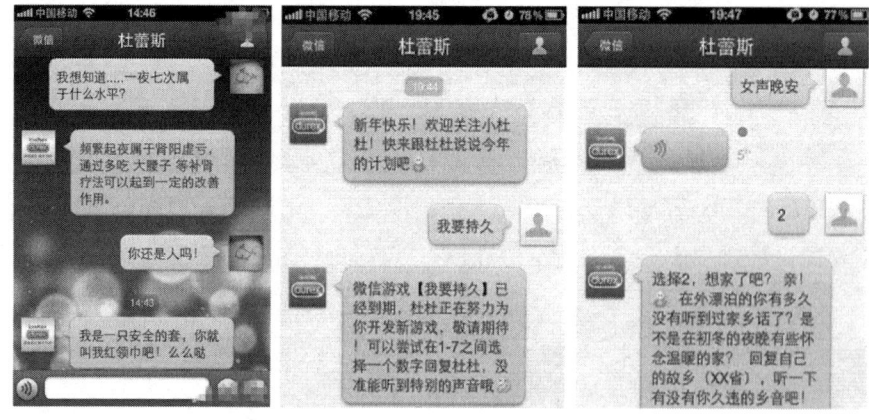

陪聊式品牌微信满足了许多用户希望私密聊天的需求，因而广受欢迎，但这种方式带来的挑战也比较大，当品牌收听者达到一定数量级以后，需要更多的专职陪聊人员来维护，当人员不足的时候，很可能会影响收听者的体验，因此当收听者达到一定数量后，品牌该如何改良这一模式，需要进一步考虑。

然而，除了杜蕾斯，一些腔调十足的服务号也做到了。让我们来看看雀巢旗下的巢妈团：当我点击巢妈团菜单中的"即时聊"时，立刻就有专业的咨询顾问陪我聊天，陪聊结束后，还会请我对其服务做出评价。巢妈团为粉丝们提供的这种随时随地、零距离与专家交流的福利，是不是很有腔调呢？

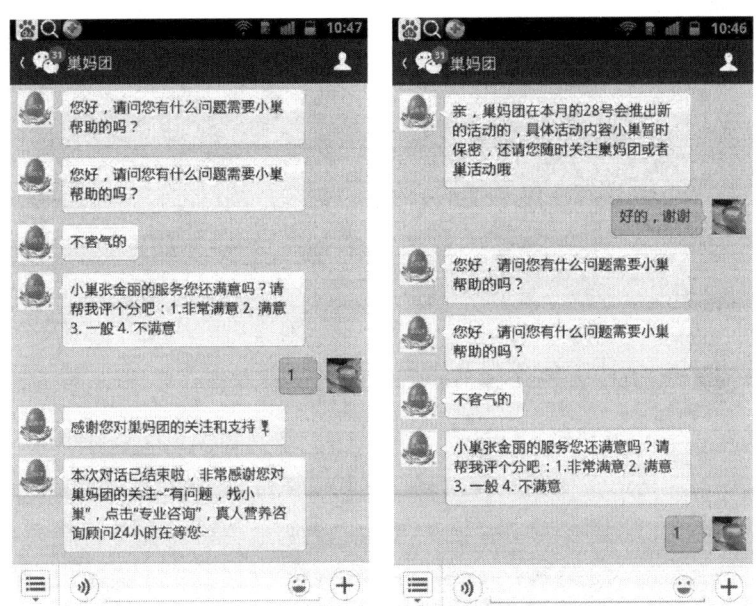

除巢妈团外，拉卡拉、OPPO 等品牌也成立了专门的真人陪聊团队，大家可以关注他们的公众号进行体验。

攻略二：促销式服务：每日更新，玩真的

虽然服务号每月只能发 4 条消息，但总有一些令人敬佩的服务号，每天都在更新内容。比如唯品会特卖推出了"每日精选"频道,每天都会推出 10 款精心挑选的特卖商品,用户再也不用担心错过特卖了;再比如 NBA 鞋会推出了"一天一年"的专栏,每天介绍一个年份里的 NBA 故事。精彩的内容总是让人忍不住每天都点开看。

攻略三:"高节操"式服务,增加门槛没商量

在所有的公众号都在盲目追求高粉丝数、高会员数、高销售额时,最具互联网思维的雕爷牛腩、黄太吉却反其道而行之,玩起了高节操。

在雕爷牛腩的公众号上,我们看到成为它的会员首先要答题闯关成功才行,并且它还明确地告诉你没吃过就别答题了,答了也对不了。就算答对了也要等待审核,审核过不过还另说。相比其他餐饮行业的服务号,总是以送优惠券、送凉菜、免停车费等来吸引消费者入会,雕爷牛腩真是腔调十足。

类似的例子还有黄太吉传统美食。笔者换过好多地点在黄太吉的服务号上点餐,它总是以"雾霾大、交通乱"为由,拒绝为笔者送餐,而且还温馨地提醒笔者更换地址。

攻略四：创意性服务——不一样的展示呈现不一样的内容

上面讲的三个小技巧，多多少少都需要技术开发的支持。没有技术团队的亲们也别着急，你们可以从排版上秒杀其他公众号。比如像菲尼尔一样，在菜单中加入彩色符号；或者像夏天设计一样，命名菜单时使用中英文混排；再或者像星巴克一样，以精美的图片和精彩的内容取胜。

无论什么样的营销方式，只要能够对销售起到直接的促进作用，那就达到了营销的最大目的。星巴克在中国有非常广泛的客户群体，不少人关注星巴克，是希望能收到星巴克的优惠券或者优惠信息。星巴克的微信账号固然附有品牌传播的任务,但它更大的目的是满足客户希望得到优惠的需求。星巴克的优惠信息不是生硬地告知,而是运用社会化营销的方式:精美设计的海报、与时事结合、关爱般的文案都会使它的促销信息看起来不那么生硬。

星巴克的微信内容主要针对的是它的用户,而它的促销信息又满足了用户求优惠的最直接需求,因此它的内容推送并不会使大部分的收听者反感。而与星巴克调性相符的促销信息不仅会吸引更多的关注、促进销售,也在一定程度上完成了品牌传播的任务。

攻略五:客服式服务——品牌服务的极致体现

每一个品牌在进入微信公众平台之前,都需要想清楚自己的定位,需要弄清自己来微信公众平台是干什么的。许多品牌涌入微信公众平台,像运营微博那样,发一点企业新闻,对于大多数收听者来说,它是没有任何价值的。

品牌微信做客服的好处有两个:一是不骚扰,强制被接收信息是大部分微信用户厌烦的;二是可以在封闭空间内解决产品问题。关于这一点不少消费者可能遇到过买到有问题的产品却投诉无门的情况,有了这个通道,消费者就多了一个投诉反映的途径,而及时的客服处理也利于企业在源头上防止企业危机。

与消费者直接对话,是品牌的重要意义之一,在品牌营销层面,客服的服务和表现某种程度上也代表了品牌,用客服来提升信任,进而凸显品牌的形象,这便是客服微信的品牌营销之道。

希望随着微信公众平台生态环境的发展和成熟,更多有追求的企业能够创造更多服务号的新玩法。

一、企业服务号、订阅号运营策略

(1)对于绝大多数企业而言最好先从订阅号做起,做好订阅号,通过订阅号形成好的沟通机制和氛围,当数据量足够大,很多需求无法通过订阅号满足时,再升级服务号,这是一个水到渠成的过程,不要硬上。当然，如果你从事零售、快消等行业，最好是做服务号，因为只有认证过的服务号才可以支付，并且可以"零门槛"实现微信电商。

（2）对于银行、电子商务、航空等与客户经常发生互动的行业和企业，优先选用服务号，在用户消费过程中不断给予服务性的提示，提供订单、行程、路线、航班信息等的及时提醒和查询，并提供实时的在线客服。

（3）不管是服务号还是订阅号，都需要做好在线客服，基于客服的实时沟通是微信公众账号的魅力所在，不能忽视。未来"微信客服中心"，很有可能和电话客服中心一样，成为企业新的客服模式。

企业想将自己的公众平台打造的与众不同，需要思考以下几点：

第一，如何让粉丝记住你；

第二，如何利用好自定义回复与自定义菜单让用户自助查询各种信息；

第三，如何通过更有吸引力的内容吸引用户；

第四，如何管理好用户及和用户的对话；

第五，如何利用微信积累的数据做营销。

微信官方给出了一些标杆：媒体和自媒体账号；招商银行、南方航空等以提供服务为主的账号；微信5.3版本更是将服务号作为微信生态系统的重中之重来升级和优化新的功能，引导企业通过微信营销提供服务，以打击过去简单以信息推送为主的微信营销模式。

信息推送、粉丝互动、客户服务、在线交易任何一种单一的模式都不能够让一个机构的微信公众账号具有持久的生命力。因为频繁的信息推送和粉丝互动会干扰用户；而基于微信的客户服务作为传统服务的延伸，并不唯一，很容易被其他技术手段替代。

二、服务号月度推送信息增至4次

2014年4月15日晚，微信团队升级调整了微信公众平台规则：所有服务号的群发次数由原来的每月1次改为每月（自然月）4次。对已微信认证的服务号，更是开放高级群发接口，开发者可以通过高级群发接口设

计更灵活的群发策略。

一直以来,微信公众平台上涌现的"明星"企业,都是靠"服务"来赢得用户的。有好的"服务"才能提供绿色、健康的生态环境,才能成为一个企业或机构与个人用户之间交流和服务的优质平台,才能和用户一起打造共赢的微信生态圈。

在社交网络的帮助下,人们的线上生活已不再是漫无目的,商家可以通过个人分享,提供一个与用户有关的数据,来满足用户某方面的喜好,以便更早地帮助用户进行决策。

而作为最易激发服务属性的微信公众平台,"有价值的服务"无疑将为商家和用户提供一种全新的互动模式。通过微信支付和公众账号等功能的陆续加入,微信正在从单纯的通信平台转变成更强大的社交服务平台。

分析人士指出,群发权限的调整,并不意味着对营销行为的纵容,相反,意味着商家的权利越大、责任越大。提升了发送权限,用户对企业的要求就会越来越高,企业滥用群发权限的结果就是退订率;如何用好群发接口,做好更精准的用户推送定位,需要大家的精心运营。

三、企业微信公众平台认证指南

随着微信最新公众平台的改版和开放接口的微信认证开放,微信公众平台建设离企业越来越近,外界对技术接口的需求也越来越旺盛,企业在微信平台上建立官方账号已经势在必行。

此前,企业建立微信公众平台和进行微信认证初期,微信官方对审核的过程有着比较严格的要求,比如建立平台时的账号名称是否违法、是否侵权等,企业往往在一个环节上花费的沟通成本和时间较长,随着微信接口功能的日渐成熟和开放,微信官方于2014年5月22日升级了最新的微信认证平台审核策略:以后的微信认证将分为账号主体资质审核和账号名称审核。

账号主体资质审核成功,订阅号将获得自定义菜单接口权限,服务号将获得高级功能接口中所有接口权限、多客服接口,以及可申请商户功能；账号名称审核成功，则形成完整的微信认证，账号会有认证标志、认证信息等。

服务号资质审核成功后开通的接口权限如下图所示。

以下是对微信认证两个阶段结果的进一步阐释。

（1）账号资质审核。

指用户向腾讯提出申请，腾讯根据法律规定及双方的约定和保证，对用户提交的主体资质证明或其所拥有的权利证明资料和信息进行甄别及核实的过程，简单地说，就是原有微信认证流程中剔除了认证名称审核的环节。

（2）账号名称审核。

指用户向腾讯提出申请，腾讯根据法律规定及双方的约定和保证，对用户公众账号名称进行审查核定的过程。

第三节　正确运营微信公众平台

随着微信受众和使用人群的快速增长，也让整个微信生态圈的环境显得"很热却很杂乱"。因此，我们常常看到同时也经历过，很多公众平台采取一些不恰当的方法运营、涨粉等，例如，诱导分享朋友圈，发布色情低俗、暴力血腥、谣言散播等恶意营销的信息，直接影响了微信朋友圈环境和客户的体验。而为了规范平台秩序，净化微信生态圈，微信官方也频频出台微信公众平台的运营规则。

2014年4月4日微信官方便针对以上问题，做出了十分详细的微信公众平台运营规范细则，包括注册规范、行为规范、支付规范、数据使用规范等，重点内容摘录如下，供读者参考。

一、微信公众账号行为规范

（1）使用外挂行为。

未经腾讯书面许可使用插件、外挂或其他第三方工具、服务接入本服务和相关系统。例如，利用任何第三方工具或其他方式规避群发限制策略，包括但不限于用公众平台的单发功能来实现群发功能，意图规避公众平台对于群发次数的限制等。

（2）刷粉行为。

① 未经腾讯书面许可利用其他微信公众账号、微信账号和微信功能或第三方运营平台进行推广或互相推广的，包括但不限于僵尸粉刷粉、公众账号互相推广、普通微信账号通过微信发布消息、和附近的人打招呼、漂流瓶、摇一摇等任何形式推广公众账号，以及利用第三方平台进行互推等。

② 定义的推广形式，包括但不限于通过链接、头像、二维码，纯文字等各种形式完成的推广行为。

③ 制作、发布与以上行为相关的方法、工具，或对此类方法、工具进行运营或传播，无论这些行为是否出于商业目的，使用者账号都将被处理。

（3）诱导分享行为。

以奖励或其他方式，强制或诱导用户将消息分享至朋友圈的行为。奖励的方式包括但不限于实物奖品、虚拟奖品（积分、信息）等。

强制型诱导分享　　　　　　**奖励型诱导**

（4）恶意篡改功能行为。

有目的性的对公众平台的功能或文字进行篡改，违反公众平台功能的原本用途或意义。

例如，在原本显示作者名称（即微信公众账号名称）的位置篡改文字显示。

以上列举的微信操作方式，既违反了微信官方的规定，也影响到了用户的体验，而且还会给微信运营者、个人用户及微信公众平台带来一定的损害和影响。微信官方针对此类违规行为会进行相应的处理，因此企业及个人在运营微信公众账号的过程中，一定要避免此类违规行为。

微信朋友圈营销让你"忍无可忍"？

你也许经历过这样的场景：刚下飞机，手机开机，打开微信朋友圈看到的全是广告，广告的数量已经占去了大半篇幅，朋友圈中各种箱包、鞋子、饰品、手表、钢笔、衣服甚至保健品等，卖假货和欺客现象泛滥成灾，各类海外代购提供的单据以假乱真，诸如此类的营销让你"忍无可忍"，除了自主选择解除好友关系以解决信息骚扰问题外，最后你就果断不再登录朋友圈。以上这些种种的无奈，从今天开始你就可以"高枕无忧"了。因为自2014年5月16日始，腾讯新一轮"雷霆行动"将大力打击微信公众号和朋友圈假货、代购营销，并对基于通讯录的好友人数进行限制。

二、腾讯整顿微信朋友圈营销的背后

一方面是商务部审议通过《打击互联网领域侵权假冒工作方案》，以打击互联网卖假货行为；另一方面是微信用户对朋友圈营销、假货现象举报不断。针对此类进行恶意营销的行为，继2014年5月16日腾讯对微信朋友圈围剿假货行动之后，针对朋友圈的过度营销行为，5月21日微信官方又直接实施了好友上限数量限制在5000个的新规。

为了避免出现个人利用朋友圈做恶意虚假营销，微信官方发布好友上限数量的限制，让众多大号、营销号措手不及。颁布如下规定并没有预警且直接实施，也说明了微信官方的强硬态度，具体规定如下：

① 个人微信号的好友上限数量下调至封顶5000个。并且是"好友数+微信群+关注公众号数量"的总和不得超过5000个。

② 超过5000个上限后，无法再主动或被动加好友。

③ 如果原有好友数超过5000个，发布的朋友圈消息每条也只能被随机的5000个好友看到。

微信官方微博公告的消息称，微信不鼓励利用个人微信号进行营销。除了限制联系人数量，还会对用户举报较多、涉及假货及商业侵权的微信号，依据有关法律法规进行处理。对于微信朋友圈的定位，微信方面明确回复,微信朋友圈是由熟人关系链构成的小众、私密的圈子,用户在朋友圈中分享和关注朋友们的生活点滴,从而加强人们之间的联系,它并不是营销平台。对于因朋友圈而活跃起来的微商,微信会对部分通过大量添加好友从事商业营销的个人微信号进行联系人数量限制,并对用户举报较多、涉及假货及商业侵权的微信号,依据有关法律法规进行处理。

如果说这是微信向业界或被理解为向行业的发声、承诺、喊话,那么限制朋友圈营销、对好友数量设置上限和为公众号开绿灯且扶持,无疑是站在了新的起点上。

综合措施才能有效治理

对于微信限制个人好友数量等一系列整顿举措,北京志霖律师事务所律师、中国互联网协会信用评价中心法律顾问赵占领表示赞同。他说:"微信朋友圈本身属于熟人交友平台,为了营销目的大量、随意添加好友,最终会导致朋友圈的属性发生改变,也会对用户造成骚扰,甚至会损害用户权益。所以,我个人赞同限制好友数量的做法。但这种措施只是手段之一,需要综合措施才能有效治理朋友圈营销的问题。"

电商专家鲁振旺认为,微信的本质是沟通和社交平台,微信打压朋友圈恶意营销和假货其实是为了打压变相的传销行为,因为朋友圈贩卖的不仅是商品,更多的是信任。商家想要做大就要发展层层代理并渗透进更多朋友圈,这种利用"熟人经济"赚钱,又贩卖假冒伪劣商品的行为事实上和传销仅一步之遥。对于微信自身"小而美"的电商生意,目前微信还没有梳理、建立好相应的商业体系,因此更多中小商家青睐朋友圈营销。

对于朋友圈的信息过载、信息骚扰,在此也建议各位读者:一是用户可以通过设置,选择不看他(她)的朋友圈消息;二是对于骚扰严重的账号,用户还可以自主选择解除好友关系进而解决信息骚扰问题;三是朋友圈可支持针对单条消息进行举报。

三、微信对朋友圈集赞营销说 NO

微信朋友圈原本是一个好友之间相互交流分享的小圈子,随着微信用户数量不断上升,被别有用心的不良商家利用,发起"集赞"活动进行恶意营销。如某商家发起的"集够××个赞,送 iPhone 5S",结果将集够的

赞发给活动商家后，却被要求高价购买活动商品。更有甚者还会在诱导用户分享点"赞"的同时，趁机收集用户个人信息，进而实施诈骗等不法行为。

因为微信社交分享的传播属性，也有部分企业利用该属性开展宣传活动，只要微信用户将活动内容转至朋友圈，并获得一定数量的"赞"，就有礼品或服务赠送，吸引了众多微信用户的参与，甚至衍生出"买赞"等有偿产业链。

据微信官方统计，2014年5月16日前，朋友圈中每天出现约5000个点赞链接，微信每天会收到超过2万次的相关举报，包括集赞活动中商家夸大奖励及虚假营销、集赞碰到邮寄费用诈骗等。

集赞行为普遍具有以下几个特点：诱导用户分享朋友圈，诱导用户填写个人信息，个别点赞还开展送礼品活动，甚至要求用户先支付邮寄费用，此类行为涉嫌变相诈骗。

微信措施：再集赞，就封号

 ## 微信整顿公众号集赞行为处理机制

对于违反微信用户协议和公众平台用户协议的公众号处理机制如下：

- 公众号累计发现一次有集赞行为　　　封号7天，不可提前解封
- 公众号累计发现二次有集赞行为　　　封号15天，不可提前解封
- 公众号累计发现三次有集赞行为　　　封号30天，不可提前解封
- 公众号累计发现四次有集赞行为　　　永久封号，不可解封

2014年6月9日微信已开启举报通道，如遇类似"集赞"等恶意营销行为，可及时举报投诉，情节严重者，一经查实，微信会做永久封号处理。

自2014年6月9日微信公众平台官方启动打击朋友圈恶意"集赞"行为的集中清理行动仅三天时间，微信朋友圈诱导分享"集赞"的文章和

账号已减少一半，有1000余篇诱导文章以及500余个公众号被处理。不少网友表示，微信此举非常给力，朋友圈现在更干净、更安全了，希望微信继续加大对恶意"集赞"营销的打击力度，让我们彻底跟那些恶意营销者说"Bye – Bye"。

玩转朋友圈的前提是定位

你到底想通过朋友圈实现什么目标，在个人微信平台里，朋友圈的位置又是怎样的？有了清晰定位的朋友圈，就不再是孤军奋战，围绕你的价值体系，构造你的粉丝与内容生态，朋友圈将会为你带来取之不尽的能量补给。朋友圈玩到"深水区"，必须具备它特有的"温度"。

四、网信办发布即时通信工具十条新规

国家互联网信息办公室（以下简称网信办）2014年8月7日召开新闻发布会，发布《即时通信工具公众信息服务发展管理暂行规定》（以下简称《规定》），《规定》自公布之日起施行。

《规定》共十条，对即时通信工具服务提供者、使用者的服务和使用行为进行了规范。因网信办十条规定文字较多，在此用3句话总结如下。

（1）即时通信工具服务提供者应当落实安全管理责任，保护用户信息及公民个人隐私。

解读：对商家提出规范。要求取得资质、落实管理责任、保护用户隐私、及时处理举报信息。

（2）从事公众信息服务活动开设公众账号，应当经即时通信工具服务提供者审核，由即时通信工具服务提供者向互联网信息内容主管部门分类备案。

解读：对时政类图文采取了更加严格的限制，公众平台注册必须实名登记，即"实名制"。

（3）《规定》声明，新闻单位、新闻网站开设的公众账号可以发布、转载时政类新闻，取得互联网新闻信息服务资质的非新闻单位开设的公众账号可以转载时政类新闻。其他公众账号未经批准不得发布、转载时政类新闻。

对于网信办发布的规定，微信官方也表示："将在相关信息被权威机构

判定不实或者接到用户举报并核实举报内容属实后，积极提供协助阻断这些信息的进一步传播。"

腾讯官方进一步说明在《规定》出台之前，微信就已经结合用户举报等手段，建立起了有害和不良信息的处理机制。

腾讯的产品提供了三大系统：技术识别系统、举报人工处理系统、辟谣工具；在日常运营中，腾讯有专业的队伍负责处理用户的举报内容。根据用户的举报，查证后一旦确认存在涉及侵权、泄密、造谣、骚扰、广告及垃圾信息等违反国家法律法规、政策及社会公德等，微信团队会视情况严重程度对相关账号予以处罚；据悉，腾讯在打击不良信息以及网络黑色产业链方面还有专项的"雷霆行动"，实施雷霆行动半年，腾讯累计封停假货公众账号3万个；每日封停欺诈广告1000万条；QQ和微信针对有风险网站链接每天给用户提供29万次提示，配合各地警方打掉网络黑色产业链团伙10余个，抓获约80名嫌疑人，涉案金额接近2500万元人民币。腾讯实施雷霆行动半年以来，效果显著。微信对于不良信息的处理也让我们再次感受到微信官方为用户营造的绿色、健康、安全的生态环境。

而此次，网信办此次发布的规定对自媒体发展意义重大，一方面表明国家对互联网媒体发展的重视，另一方面规范信息服务将更有利于社会化媒体行业的健康发展。

在此，我们也呼吁大家遵守相关的法律法规，尊重社会公众道德底线，不造谣、不传谣、不信谣，共同建设健康、安全的网络环境。

第四节　企业微信公众平台生存现状分析

截至2014年7月31日，公众平台最新数据：日均增长数由2013年的8000个上升至1.5万个；微信平台已接入67000多个移动开放应用；目前微信公众账号总数超过580万，火爆程度不言而喻。面对这个炙手可热的领域，我们经常看见一些微信运营成功的案例，我们因此而去努力效仿和学习其成功经验，但背后的真实情况如何？企业在大量实践之后，会碰到怎样的实际困难？在接触和了解多家企业微信公众账号运营情况后，笔者整理出企业微信运营常遇到的七大常见问题,也许正是你长期以来遇到的问题和面临的困惑。

一、微信运营七大常见问题的深度剖析

问题一:多个账号的麻烦

有些企业也确实需要多个账号,比如不同品牌和不同产品线可以用不同的账号。而一个品牌或者一个类目开多个账号,效果并不好。

某美妆电商企业运营了多个账号,用订阅号吸引和沉淀粉丝,用订阅号通知优惠,然后引导到服务号上交易。从订阅号引导到服务号再成交,对粉丝来说很麻烦。由于这个麻烦的存在,成交效果并不理想。

某高尔夫俱乐部运营两个账号,一个账号的目标粉丝是合作伙伴,另一个账号的目标粉丝是消费者,但是两个账号都没有做起来。还有一些企业账号更多,订阅号就有两个,一个用于吸引新客户,一个用于沉淀老客户,而两个账号的内容和功能并没有本质的区别。该企业同时还有多个服务号,分别对应不同的电商平台,但并不是每个渠道都有成交。

参考建议:思考清楚,该舍就舍,重点运营一个号。早做决定,反而能走出困境,不要对现有的几百个粉丝的积累恋恋不舍。

问题二:粉丝无法转化为消费者

有个很热的概念叫做新媒体,很多企业都在微信做新媒体。按此思路,企业的微信运营就是发布知识、资讯,以及配合抽奖活动。这样也确实积累了一定数量的粉丝。可是,企业逐渐发现,这些粉丝并不购买商品。

某女装企业,其账号所有者是一名服装设计师,主要发布时尚潮流、服装搭配、色彩趋势等,专业性很强。账号运营按照通常的评判标准,可谓优秀,粉丝数量将近2万,基本全是女性,图文消息的打开率在50%左右,互动活跃。可是,他设计的衣服,没人买。这个现象很普遍,除了女装,还有玉石、食品、数码等商品,也都遇到同样的困境。

参考建议:认清做公众号的目的,是销售还是传播品牌?如果是做销售,那就不要不好意思,宣传及营销方式可以更直接一点。

问题三：缺乏与业务相关的服务意识

很多账号以推送内容为主，没有引导粉丝获取服务，或者干脆就不提供服务。现在不谈个性化服务，也不谈服务的深化，因为很多账号根本就没有服务。

某母婴用品制造企业，账号已开通店铺，粉丝通过账号咨询商品信息，得不到回复。问这家企业的老板，你们在开了店的情况下为什么不设人工客服？老板说，设了人工客服。那么，是否有相应的考核及监督机制？如果没有，人工客服就形同虚设。

某淘宝服务商，目标粉丝是淘宝卖家，其产品具有持续服务的特征。有这种特征的企业最容易发挥微信价值。但这家企业的账号只发送知识和产品优惠消息，并不提供在线咨询服务，这就没有实现账号价值的最大化。

参考建议：对运营人员要设定要求和考核机制，因为提供在线服务的成本并不高，做好了效果会事半功倍。

问题四：引流困境

微信运营总归是要向销售渠道引流的。如果只有单一销售渠道，还好办。如果有多个销售渠道，公众号在一条图文消息里同时让粉丝去多个销售渠道，就不好办。

某化妆品企业做一次促销活动，同时告知粉丝通过热线电话订购、去门店购买或去网上官方商城购买，同时还引导粉丝在公众号留言。多种的营销方式并没有进行分类营销定位，以致最终的引流效果并不理想。

某女装企业做一次促销活动，同时告知粉丝参加店铺活动专题页面、聚划算页面、秒杀商品页面、微淘的多个活动，甚至还有来往扎堆的活动。这样的误区造成了所有关注你的人都是为了促销而来，无法形成"忠实粉丝"的购买力。

某中医馆在每一篇养生知识的图文消息里，同时告知粉丝去线下的多个医馆、去线上的淘宝商城购买，还告知可以电话订购，描述的篇幅比养生知识的正文还多。大量的文字致使粉丝们没有任何的购买兴趣。

引流的困境，实质有3个层面的问题。

第一，文字表达能力弱，无法做到字字珠玑；

第二，没有对微信公众账号功能进行规划，无法做到品牌展示与产品销售相结合，只是把平台搭建起来就搁置不管了。

第三，微信平台的内容体现出各部门之间业务的互相连接，如果企业内部各部门之间没有进行协调和沟通，就会让负责微信运营的人员很难操作。

参考建议：部门之间可以多次进行沟通，根据粉丝及受众人群，进行数据分析，找出引流最好的互推方式，然后持续优化。运营一段时间后，做出实际效果了，就会得到公司的重视，进而走向良性循环。

问题五：自己开发的痛

微信公众平台有一种模式叫开发模式，企业可以做个性化开发。可是，很多企业自己开发的平台是不可用的。

某快消品企业，自己开发线上商城并接入公众号。但粉丝看到这个店铺的页面，肯定不会有购买的欲望，因为页面不雅观、内容杂乱、功能繁杂。而仅仅只是页面不雅观，就已经足够把上来的人吓回去，更不用说交互体验的感觉是否良好，也更谈不上对这个平台的信任度。

这种失败的开发项目到现在已有不少案例。还有的企业已经投入几十万，却没有开发出任何可用的功能。所以，有开发能力的第三方服务商，如果愿意深入某行业去踏踏实实地做点侧重行业深度开发的事，或许大有作为。

参考建议：建议企业起初不要自己花大笔的费用去开发独立的平台，先运营一段时间，清楚知道自己需要什么，再决定是自己开发还是使用现有的第三方工具。

问题六：账号的用户体验很差

用户体验是一个很大的话题，我们把它说得小一些。

第一，最基础最简单的排版，做得好的账号不是很多。文字有白底，字体大小不统一，五颜六色。不用举例，随便打开10个账号，有6个都有这些问题。

第二，账号交互功能的设计是有难度的。微信把功能都提供了，但很多企业没有能力用好这些功能。单说自定义菜单，什么内容放在一级菜单，什么内容放在二级菜单，菜单标签怎么写才能让粉丝一看就明白，并不是一件简单的事。

第三，很多账号设置的自动回复，并不能对粉丝起到引导作用，并不能告诉粉丝在这个账号里可以去哪里，以及怎么去。

参考建议：微信运营者，需要一点编辑的基本素质、一点产品经理的基本素质、一点平面设计师的基本素质、一点交互设计师的基本素质。这还只是最基本的，还没算上店铺运营和活动策划。即使这样依然不够，很多表面现象的背后，是企业根本没有想好在账号里究竟做什么。

问题七：没有交流能力

微信公众号是连接企业和客户的通道，通道是用来交流的，但很多账号完全没有交流。

最简单的交流是鼓励用户留言，告诉粉丝你有事可以通过公众号找企业，企业要么有人即时回复，要么告知在一定周期内回复。也不用举例，随便打开10个账号，有6个都没有做这件事。剩下的那4个，也大都没有做好。

某餐饮企业，设计了问答互动，却把问答内容放在多图文的第二条图文的末尾，而第二条图文的主体内容是产品推荐，那么问答互动就很不容易让粉丝注意到。粉丝注意不到，参与的人数就不会多。

除去操作层面，更本质的问题是，企业缺少直接与消费者交流的能力。过去没有交流通道，与消费者交流交给广告公司去干，或者干脆就是在淘宝上花钱买流量。现在有了微信这个交流通道，却不知道怎么交流。这个能力不是通过方法的学习就能掌握，而是需要投身进去尝试，需要真的和消费者有话说。企业的微信运营人员应该问问自己，是否在论坛、社区这些地方真正操作过，自己怎么在这些平台上进行操作。理解了这个，再在微信公众号里做互动，想必会游刃有余。

参考建议：做这个很简单，可以收集粉丝的常见问题，经常的推送回复。让运营人员没事的时候在上面陪客户聊天也是个选择。

这里不谈如何加粉丝，也不谈如何增加销售额，这些都是目标。基础的问题不解决好，目标不可能达到。以上我们看到的七大常见的问题都不是很难解决的问题。

时至今日,面对微信运营已经进入深水区的企业微信公众平台该如何解决基础问题?企业微信公众平台运营的方向又在哪里?有好的经验策略可以借鉴吗?那么,从接下来的内容中希望你能真正找到微信运营的价值。

二、微信公众平台运营五大核心本质

(1) 企业需要先弄清楚做微信公众号的目的。

微信公众号的运营与企业业务流程如何结合,才能确认需要哪些接口权限,然后依据以上结论来选择用订阅号还是用服务号。问题在于,没有开通账号并摸索一段时间之前,企业很难找准账号定位,也就无法对订阅号和服务号做出准确选择。

像招行信用卡、小米手机这类账号当然应该是服务号。服务号本身具有极强的服务性质,而且已经积累大量客户的企业适合用服务号,其他的还是适合用订阅号。服务号的群发消息改为每月 4 条,并开放群发接口,天平似乎往服务号倾斜了一点,但是否能够恰到好处地利用群发消息的机会,是否理解群发接口的意义,企业仍然需要自己思考。

(2) 企业要明确需求,懂得借力。

如果一家服务商能够服务于相当数量运营状况还不错的账号,可以初步判定这家服务商可靠。服务商提供的产品,当然是有用的,即使是那些技术含量不高的产品。但在企业并不理解微信运营的情况下,即使接入服务平台,也容易成为一种摆设。因此,这就更需要企业自己理解公众号需求,并懂得借助第三方服务平台,把微信公众号与企业业务更完美地结合。

(3) 公众号运营不可绕开行业特征。

那些运营比较好的公众账号并不是因为其表面数字,也不是媒体宣传,而是从账号所体现出来的内容、功能、交互体验、活动策划、服务能力等维度得出的结论。更重要的是,这些账号更深地与企业业务流程相结合。

如果只把微信作为媒体通道来运营,那么账号定位、内容规划、推广、互动、团队组建,都可以有一套比较完整的方法。可一旦与企业业务更紧密结合,就不得不考虑行业特征。

例如,携程、艺龙等 OTA 类账号更多是与已有 APP 结合,微信只是入口。酒店类账号总体质量不高,但其中有的做得很好,比如 7 天酒店。

景点类最有意思，虽然总体成熟度非常低，却表现出很强的创新性。例如，广东省博物馆这个账号，用户参观时在微信中输入展品编号，账号自动回复这个展品的语音讲解；深圳东部华侨城的账号提供景区内导航、景点、路线、表演、交通、洗手间等信息。

另外，电商品牌运营好的账号，有的发布员工的爱情故事，有的发布更能体现品牌特性或更亲近用户的内容，有的做买家秀活动，典型代表有裂帛官方旗舰店、茵曼女装、阿卡、月光石、两三事旗舰店、绽放等；传统品牌在微信发布更多的宣传视频、明星代言海报，将微信作为低成本投放渠道，有的还策划微信与线下门店的整合活动，典型代表有 NAUTICA、VEROMODA、美特斯邦威旗舰店、佐丹奴等。

（4）运营公众号，首要目标是"吸引与保留用户"。

正是餐饮、酒店、旅游、快消、服装等电商发展最成熟的行业掀起了微信"狂热"的市场需求，同时也是最适合微信公众号运营的行业平台。因此企业在考虑公众号运营时，不可忽视行业用户需求。企业首先要想清楚公众号定位，不管是传递品牌信息、发布促销消息、做售后服务还是增加购买渠道，对大多数企业而言，微信公众号用来做简单的客户关系维护是比较好的切入点。公众平台服务号的特性便在于维系客户关系、提升服务体验，中小商家开展微信运营的首要目标是"吸引与保留用户"。

（5）微信公众平台运营应重视与客户互动。

经过一段时间的尝试与摸索，企业经营者对微信公众平台的运营逐步回归到社交交流这一基本属性，很多的企业开始重视与客户的长期互动和有效管理。艾媒咨询调研数据显示，打造品牌主页最受中小商家青睐，占比高达55.3%。50.7%的中小商家采取了"关键词推送消息"来实现客服功能。

对于大多数中小商家而言，线下实体经营与原有客户的维护是增加微信关注用户的主要渠道，因而对于大多数商家而言，微信运营的着重点在于维系客户关系、提升服务体验，以此带来的良好口碑或能更有效地实现微信的推广运营。

三、微信营销的未来，越来越清晰明朗化

2014年5月20日微信棒杀朋友圈营销、限制好友数量，中间休息一天后，2014年5月22日，微信又给公众号认证开绿灯，让人越发感觉到

公众号是被官方扶持的。微信官方的意图很明显，就是要限制朋友圈的营销行为。

继续打压微信朋友圈营销，限制个人微信好友数量5000人，发布的朋友圈消息每条也只能被随机的5000人看到。此举我们可以理解为：为公众号继续开绿灯，放宽认证审核门槛。

2014年5月22日18点多，微信公众平台通过官方微信公众号向用户发来消息，公布了新的认证标准：

"微信认证从原来只有微博认证和微信认证两种认证选择上，新增一种，将分为三种认证类型（把微信认证拆分成了两个类型）。"

具体的认证要求和权限如下。

（1）微博认证（仅个人）。

通过腾讯微博关联认证（前提是要有一个已经认证过的微博，且账号名称要一致），认证后将获得自定义菜单权限接口。

（2）微信认证（非个人，账号主体资质审核）。

原来微信认证需要的两个步骤分别是账号主体审核、账号名称审核，现在改为账号主题资质审核一个步骤。

通俗的理解是：只要你提供的企业/组织注册的营业执照是合法有效的，就可以通过该认证。认证后，订阅号将获得自定义菜单接口权限，服务号将获得高级功能接口中所有接口权限、多客服接口，以及可申请商户功能，而这个时候并不会显示加V的标志和认证信息提示。

（3）微信认证（非个人，账号名称审核）。

原来的微信认证需要两个步骤分别是账号主体审核、账号名称审核，现在改为账号名称审核一个步骤。

不妨让我们来看看各阶段微信认证背后的商业热点。

第一阶段是以微信和其他微信类软件竞争（米聊、陌陌等），通过各种手法最终获得市场的全面胜利，当然这和腾讯的雄厚用户资本有关，更和微信产品深度满足用户社交、生活的需求有不可分割的作用。

第二阶段是微信营销的概念被爆炒，公众号的横空出世、微信培训大师的宣传造势，让企业和商户甚至很多从不上网的用户也在关注微信营销，微信团队也持观望态度，他们担心公众号骚扰用户，因此，把公众号一拆为二，分为服务号和订阅号。

第三阶段是通过轻应用让企业有直连用户的能力。

经过一系列的利益博弈后，微信随之向所有员工发出内部信：表明微信的态度和定义，重新阐述微信连接人、物、企业的定位，以及把微信平台开放给第三方平台共同打造的决心。

如果说这封信是微信向业界或被理解为向行业的发声、喊话、承诺，那么棒杀朋友圈营销、限制显示好友数量，以及为公众号开绿灯加以扶持，微信无疑是站在了新的起点。

让微信服务号成为商家、企业、各种组织的轻应用，无须繁杂的开发，更无须高昂的推广及下载成本，就可以打造属于自己的 APP，直接对接用户、服务用户，这也许代表着微信营销的时代已经来临。

第五节　微信拓宽未来的无限可能

一、微信搜索，标志微信市场越来越良性

随着移动互联网的发展，用户对连接人与人、人与服务之间的社会化搜索提出了新的要求。2014 年 6 月 9 日，搜狗上线微信搜索功能，可以让用户搜索微信公众号以及微信文章。这一举措，可以提升公众号的曝光度，加强公众号内容的获取与传播。微信搜索此举一定程度上推动微信从封闭走向开放，另一方面也给了微信在搜索领域拓宽的无限可能。

在搜狗搜索框中输入微信公众号关键词，便可在搜索结果页中查看相关微信公众号的文章列表，并浏览所有文章。用户不仅可以检索微信公众账号看到文章，还能通过二维码关注该账号。业内人士认为，借助搜狗提供的公众号搜索平台，这些微信上的内容得到分类索引，碎片化的信息得以重新梳理整合，进一步解决信息流的效率问题。搜狗搜索动作频频，这一步伐的迈进标志着搜狗搜索全面步入移动领域，发布新 Logo，入驻了腾讯 QQ 版图。此次整合微信公众号数据，打造微信搜索平台，意味着在社会化搜索领域打开局面。

搜狗搜索   新闻 网页 微信 问问 图片 视频 音乐 地图 博客 更多>>

搜索：生活

搜索范围：○文章 ●公众号

以下内容来自微信公众平台

生活周刊
微信号：lifeweekly1925
功能介绍：每天一条早安为你加满正能量,每晚睡前和你聊聊有型、有趣、有态度的:刊——遇见,理想生活.
微信认证：青年报社《生活周刊》;;
最近文章：睡文当道:二次元空间的爱情秘语 12小时前

生活晨报
微信号：shcbwx
微信认证：《生活晨报》官方微信;;
最近文章：【晨报实验室】你知道哪种方式除油烟机油污最有效吗？ 48分钟前

生活频道DLTV
微信号：dltv-2
功能介绍：大连广播电视台生活频道(大连二套)观众互动平台
微信认证：该账号服务由生活频道提供,主办单位为大连广播电视台
最近文章：生活在大连 不会挑海鲜 枉为大连人 3周前

生活逗点
微信号：SHDD-SJ
功能介绍：最新的生活用品资讯,最嗨的生活潮流,尽在生活逗点,门店地址：凯德七宝F
微信认证：该账号服务由上海饰觉贸易有限公司提供,生活逗点SHENG HUO DOU D

搜狗搜索   新闻 网页 微信 问问 图片 视频 音乐 地图 博客 更多>>

搜索：生活周刊   [搜狗搜索]

搜索范围：●文章 ○公众号

以下内容来自微信公众平台

【生活周刊】"小葵花"们的五天四夜
5:30,大家都起床了,由于起床、叠被、洗漱的时间紧张,一些营员被子折得非常潦草,可这些都逃不过教练的火眼金睛,在教练和生活老师的指导下,重新整理了千奇百怪的被子.15分钟以后,营员们来到操场上进行第一次户外拉练.第一次站军姿,20分钟里大家不仅注意力不...
17小时前

留学在UCSD 生活周刊 第六期
留学在UCSD的生活周刊今天又和大家见面啦!我们会继续更新更多圣地亚哥吃喝玩乐的信息来丰富大家的生活~当然,如果大家有任何在圣地亚哥地区附近的吃喝玩乐信息也欢迎通过微信平台以文字或图片的形式和我们互动分享~希望大家支持留学在UCSD生活周刊栏目啦噻...
6小时前

[爱生活周刊]快手小零嘴 教你自制爆米花
爆米花这种小食男女老少都爱吃,不过街上的爆米花好吃,但不安全,还是自己做吧,永不脱轨的爆米花也可以在家做,自制的爆米花不但安全,口味还可以随你DIY,比如巧克力味,就在在爆好爆米花的时候倒入巧克力酱,不增加任何糖精、色素、食用香料等,既美味又放心.做...
1天前

【全版展示】遵义广播电视报-生活周刊(2014年第28期)
本期主要内容【德政民生】魂归故里 德香天下绥阳送别"见义勇为模范"徐传红 【特别关注】母

搜狗微信搜索的出现，标志着微信市场越来越良性

在微信 5.0 版本前，便存在着微信大号互推的现象（类似于 PC 端的交换外链），一万粉丝的大号互推一次后，粉丝马上就变成一万五。之后微信职业玩家频繁互推，虽然说到目前为止，互推依旧是微信端涨粉最快捷、成本最低的一种方法，但是效果大不如从前，如果现在有十个微信公众账号，每个账号有超过一万的粉丝量，进行群推，估计会平均涨粉一二百个。而互推涨粉，一直被业界人士所不齿，现在随着搜狗微信搜索的出现，一些采用不良手段的推送方式都将暴露在阳光下，微信平台的净化会使微信市场越来越良性发展。

特色类账号，生存空间会变大

一直以来，微信公众号走的都是封闭路线。想要看到公众号的内容，要么产生订阅关系，要么等待订阅者分享，而分享传播的过程又带有诸多不确定性。没有检索入口，想要查询也只能到公众号的历史记录中翻出。即使有操作上的不便，微信公众号依然吸引力巨大，原因在于很多公众号产生的内容具有较高的知识价值。然而封闭的体系限制了内容价值的体现，也未能满足用户检索与拓展阅读的需求。微信搜索的推出，相当于在公众号和用户之间打开了一扇更大的门，用户可以按照关键词对公众号内容进行检索，在特色类账号与优质内容的获取与传播上效率更高。

搜狗推出能够同步 QQ 表情的 PC 端输入法 7.2 版本

搜狗继推出支持 QQ 表情同步的 Android V6.0 版本手机输入法后，2014 年 6 月 26 日，搜狗再次推出能够同步 QQ 表情的 PC 端输入法 7.2 版本。同时，其手机输入法又实现表情可在微信中使用。至此，搜狗输入法产品已正式完成在 PC 端及移动端与腾讯拳头产品的初步融通，进一步实现了其与腾讯合作后的 QQ 版图全驱动战略。

（1）搜狗输入法 7.2 版本中，用户在使用 QQ 账号登录后，便可实现一键同步 QQ 表情。

（2）新版本中，搜狗输入法还对图片表情候选显示进行优化，采用更大尺寸，显示更加清晰。

搜狗自与腾讯达成战略合作后，便一直尝试促进双方应用的交互。从搜狗微信搜索到手机输入法与 QQ、微信的合作，再到本次 PC 输入法与 QQ 的合作，搜狗与腾讯已经形成了一个良好的协作关系，我们期待这种协作关系一直持续下去，为用户提供更多创新、便利的互联网服务。

二、微信公众平台，开启广告联盟时代

2014 年 7 月 7 日，微信公众平台正式对推广功能进行公测，广告主和流量主均可入驻该平台。而流量主方面，将公众账号内指定位置分享给广告主作为广告展示，并以此按月获得收入，推广功能推出后，广告将展示在公众账号图文消息底部，以文字链接的形式出现。

（1）广告主可定向投放广告，精准推广自己的服务。

微信认证的公众账号可成为广告主,定向投放广告,精准推广自己的服务。广告将展示在公众账号图文消息底部,以文字链接形式出现。广告主可以新建和管理广告,可以查看广告效果,还可以查看财务数据并进行充值。

(2)流量主可提供广告展示,按月获取收入。

公测期间关注用户数 10 万以上的公众账号可成为流量主,提供广告展示,获取收入。流量主可查看广告展示效果,可添加广告主黑名单和关闭流量开关,还可以查看财务数据。

推广功能的推出给广告主和流量主都带来了很大的便利。广告主可以选择对应的广告和投放时间,可以在后台查看曝光量、点击率、点击量等数据,并及时对价格做出调整。而对于流量主也可以对广告自由支配、设置权限,同时,广告主也可以查看收益明细,将资金定期体现至银行账户。

推广功能只能应用于微信公众账号之间,由此可以看出,微信此举一方面是为了规范整顿微信公众平台私接广告的行为;另一方面是为了将更多的广告主以及流量主纳入微信公众平台。

资深互联网观察家、速途研究院院长丁道师分析称,百度拥有几十万的合作网站和广告主,仅仅依靠广告联盟一项业务每年就能新增百亿级别的收入,而腾讯微信的公众账户多达数百万,且微信注册用户刚刚超过 10 亿,微信广告联盟的推出,有望激活腾讯微信庞大的广告用户,并且给微信账户运营者带来稳定的收入,可谓一举两得。

三、微信推出"企业号",微信办公成为可能

传得沸沸扬扬的微信"企业号"终于得到确认,定位为企业办公。

在微信的"通讯录"菜单部分公众号项目下,在原有的订阅号和服务号之下,多出一个"企业号"。账号完成企业认证后可以将所有企业员工微信导入,微信打卡、微信报销、微信会议等企业功能都可以在微信上完成。

账号认证后可将员工微信导入,微信打卡、微信报销、微信会议等企业功能都可以在微信上完成。

企业号推出将为企业级办公(OA/ERP/CRM)带来机遇与挑战!(微神)

微信因为其简洁有效的设计和克制的功能管理,已经成为一个世界级的移动互联网标杆应用,庞大的用户量和丰富的第三方开发者及企业用户,决定了它任何一次创新,都带来大量商机向移动互联网迁移甚至新生。微信公众号催生了如火如荼的自媒体,微信支付带火了理财通,红包则成为社交平台上最独特有力的营销工具。那么,企业号上线会给业界带

来哪些机会？我们在此摘录了一段2014年7月1日来自虎嗅网的文章，也许能带给我们更多的答案。

四、企业号为业界带来的新商机

首先从企业号的基本功能和架构说起。

在整个公众号体系中，订阅号是维护者发布信息的平台，服务号是企业提供服务的平台，企业号则是企业进行"管理"的平台，也就是说，企业号将在移动互联网上，为企业提供对内部员工的管理、沟通与服务。从目前来看，企业号内的消息将出现在用户的信息流中，而不像订阅号那样被折叠。这也使得企业号内容成为优先级最高的消息。

就像订阅号、服务号目录下，用户可以订阅多个公众号一样，在企业号这个目录下，用户也可以订阅多个内容，不过这些内容叫做"功能模块"可能更合适些（每个模块的外在形式与公众号类似）。一个企业申请了企业号之后，员工们通过自己的微信订阅这个企业号，下一步就可以使用该目录下的各种功能模块，完成企业内部各种管理与交流。例如，他可以通过向"打卡签到"模块发送一张地标照片，表明自己虽然外出但仍然按时到达指定地点；也可以通过"报销"模块提交一张发票的扫描件，在手机上走完审批流程；他还可以向"工作日志"模块发送一句语音，让自己的团队都听到最新的想法与进度。

就像微信最新的愿景口号"连接一切"一样，企业号的出现，就是为了将用户的"企业身份"通过微信平台与所属企业连接在一起。

企业级软件市场的爆发契机

有部分人士认为，微信一做企业号，那些目前在做协同办公、网上CRM的企业就是死路一条，因为他们无论如何都无法与微信竞争。这实际上是误解了微信"连接"的属性。稍加思考就可以明白，微信的强项不在于开发各种具体的微应用，而是沟通、社交与平台搭建和维护。所以，企业号中的各个模块，微信不可能自己亲力亲为去做，而只会是开放标准接口，由各家软件运营厂商接入自己的服务。

所以企业号上线后，我们将可能看到这样一种情况：某个企业号之内，表单使用麦客CRM的模块，签到登录用纷享销客，群组交流用明道，具体使用哪些模块，完全由企业自由配置和购买。这时候，微信实际上就成为大量企业应用的市场，起到分发和连接的作用。

独立软件运营厂商愿意接入微信企业号系统吗？应该是愿意的，因为这意味着他们可以在微信上搭建轻量级的"入门级软件"，可以让用户和企业先行熟悉协同办公服务的氛围，培养在手机上完成工作、交流的习惯。当企业每个员工都习惯这一点后，软件运营的市场教育工作也就水到渠成地完成了，NativeAPP一些更加专业、更加方便的特性，将吸引企业正式进行部署。而由于微信登录功能的存在，无论是企业号模块还是独立APP，软件运营供应商们都可以保证用户数据的统一和连续。

而对微信本身来说，推出企业号将使得用户在自家平台上的黏性更强，也为利润最丰厚、商业价值最广阔的企业级软件商们提供了用户入口和平台，巩固了自身的平台，留住了身在企业的高素质用户，并把产品的"闲聊"色彩冲淡，拓展到工作领域。通过"连接"而非"独占"来留住用户，这大概也是微信产品哲学的又一次体现。

企业号的上线，意味着以后中小企业都可以用微信办公了，我们在此也期待微信能够上线更多对企业有帮助的新功能。

第六节 微信 5.4 版本，腾讯的战略布局

一、微信 5.4 版本的九大新功能解读

2014 年 8 月 14 日，微信官方正式发布了 5.4 版本。微信 5.4 版在 UI（用户界面）方面相比目前的版本来说变化不大，更多的是细节上的优化。不过对于改版大家最关心当然莫过于有哪些新的特性，从了解到的情况来看，新版本主要在搜索和支付方面有了较大的改变。具体的功能升级，主要分为以下九个方面。以下我们分别就九大新功能进行详细解读。

（1）搜索优化。

除了此前能搜索的联系人、群聊外，新版本新增了对以下三类内容的搜索功能。

① 公众号：查找与关键词匹配的微信公众账号，包括订阅号与服务号；

② 公众号文章：查找与关键词匹配的微信公众账号文章；

③ 收藏：查找用户微信收藏中与关键词匹配的内容；

④ 微信功能：查找与关键词匹配的微信功能，如附近的人、摇一摇等。

值得注意的是，在 2013 年 9 月被腾讯 4.4 亿美元战略投资后，搜狗在 6 月 9 日宣布搜狗搜索正式支持对微信公众号以及文章的搜索。

而被业界所看重的微信服务号，也将极大地获利于微信搜索的增强。如未来微信用户可能会通过如下关键词进行搜索：

快递

二手交易

北京租房

我要订外卖

……

预计随着微信流量的成长以及社交链式传播的优势，基于微信搜索的搜索引擎优化（SEO），将会逐渐成为一个新的热点。

功能解读

微信 5.4 通过增强搜索功能，弥补了微信随着功能不断增加，在信息索引方面的不足，帮助用户更快地找到需要的内容，同时也扩展了微信的应用范围。这意味着微信将不仅仅是微信用户的社交工具，依靠大量的公众订阅号与服务号，用户能够从微信信息的海洋中找到自己想要的信息，构建一片完整的搜索新生态。

（2）支付优化。

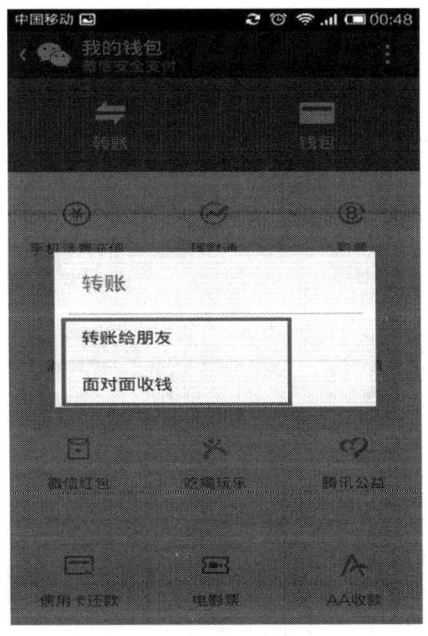

基础功能方面越来越完善，加入了面对面收钱功能，即所谓的二维码支付，扫描二维码即可转账给身边的人。

功能解读

旧版本中，用户想要转账需要多个步骤："我"——"转账"——"选择朋友"——"输入金额"，而面对面收钱不仅减少了步骤，而且还实现了用户在线下的转账场景，转账就像发消息一样简单。

新版本中，用户可通过"我"——"钱包"——"转账"即可选择"面对面收钱"，用户可通过扫描对方手机屏幕上的二维码向对方转账，并被自动存入零钱包中。

微信支付的使用场景增强，看来支付宝的地位将受到威胁。不过，目前微信的二维码支付和支付宝还有些不同，微信主打的是"面对面收钱"功能，这对朋友之间还钱、一些小商户之间面对面支付货款等都是非常方便。或许过一段时间我们就能在一些线下的商户、便利店看到该功能的落地了。

（3）订阅号和服务号又整合了。

微信公众平台刚出现的时候，订阅号和服务号是不分家的，后来在5.0版本中，订阅号和服务号拆分开来，现在微信通讯录栏目增加了"标签"功能,同时将订阅号和服务号的标签统一为"公众号"。

功能解读

标签功能使用户可以对通讯录好友进行更加细分的归类。

比较有意思的是"服务号"和"订阅号"从微信 5.4 开始不再细分,统一归类到"公众号"里面。事实上这两种类型的公众号除了 API 支持不同、能够推送的消息条数限制不同之外没有多大的区别。

注:目前订阅号推送的文章是统一被折叠的,而服务号推送的文章会直接出现在微信的会话列表,不排除以后这种情况还会发生改变。

(4)新增京东入口。

2014 年 3 月,京东与腾讯"联姻",可以说就是为了得到微信这个流量入口,微信新增京东入口也算给京东一个交代。

功能解读

京东于 2014 年 8 月 9 日对外宣布,京东手机 QQ 购物入口在 2014 年 8 月 9 日正式上线,又是 QQ 又是微信,京东得到了最大的两个社交平台的支持，以前易迅都没得到这样的待遇，看来腾讯对京东不是一般的重视。

（5）通讯录增加标签，方便分类和检索。

功能解读

在这个功能中，可以给好友添加各种标签加以分辨，尤其是碰到同名或者昵称一样的，很有用。

（6）朋友圈权限可以更加私密，不是朋友的评论提醒不会发生在你的朋友圈了。

功能解读

朋友圈权限可以更加私密，非朋友的评论提醒不会发生在你的朋友圈了。从搜狗微信搜索公众号文章阅读数不计入总阅读数，虽有流量增加，但是为了在朋友圈形成一个黏性的私密圈子，这是微信不同于微博的本质。微信对公众号阅读数1万以上的文章不再显示和将好友上线调为5000，更加表明了微信是主打强黏性的私密社交。

（7）朋友详细页面，视频聊天按钮描述变为微信通话，并且可以选择语音和视频。

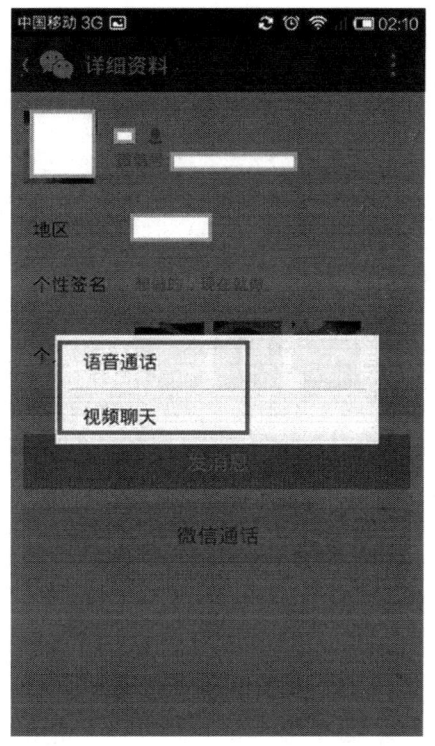

功能解读

朋友详细页面，视频聊天按钮描述变为微信通话，并且可以选择语音和视频。算是对 QQ 功能的复制，通过多元化，弥补了微信语音 60 秒通话的缺陷。

（8）查看图片时，可以识别图中的二维码。

二维码是商户转化线下客户的最主要方式。

旧版本中，用户想要扫描图片中的二维码，需将其存入相册中，在"扫一扫"右上方的相册中调入该张图片。如果是用户通过拍照发送到微信朋友圈里的二维码，需要先保存，然后再点击选择图片识别，流程非常麻烦。

新版本中，微信 5.4 可以智能识别有二维码内容的图片：点击查看包含二维码的图片，长按屏幕即可快速识别二维码内容，并直接呈现对应联系人或公众号。

功能解读

如果这一功能增加二维码内容在微信中的传播率，将会有更多商家使用"微信扫描二维码"来进行营销活动。

（9）适配 iPad。

以前总有那么一些用户，如对屏幕有偏好习惯的长辈、采用功能机与 iPad 搭配的学生，或者喜欢一边看电影一边刷朋友圈的白领，他们希望能够在大屏幕设备上使用微信。更新后的微信 5.4 增加了对 iPad 平板电脑的支持功能。

iPad 版微信可以支持与手机版同时在线，用户在首次使用时可以选择是否同时使用，如果是，可以通过手机扫描二维码一键登录。

功能解读

iPad 登录方式与网页版相同，用户需用手机扫描 iPad 上出现的二维码，点击"登录 iPad 微信"确认，但目前不支持微信网页版和 iPad 版同时在线。

二、微信 5.4 版本，公众号的发展契机

过去，微信 APP 的搜索功能是非常弱的，从 5.4 版本开始除了搜索联系人和聊天记录外，还可以搜索公众号、公众号文章、收藏以及微信功能等。笔者认为该项新特性是微信 5.4 版本的最大亮点，特别对于公众号来说是极大的利好。原因主要有以下三点。

（1）腾讯和搜狗联合推出了微信搜索功能，可以搜索公众号和公众号文章，可以说在一定程度上打破了这种"孤岛效应"，公众号们多了一个流量来源。

（2）对用户来说，化被动为主动，可以根据自身兴趣和需求用不同的关键词搜索文章，进行某一个主题的批量阅读。

（3）对公众号来说，基于主题而撰写的系列文章除了可以被已关注用户搜索到之外，还可以被对该领域感兴趣的潜在用户搜索到，多了一条最主要的流量和用户来源。

基于以上的分析，我们可以看到微信 5.4 版本，使公众号和用户之间最主要的一条通道被打通了，整个生态平台也趋于更加完整。之前一些内容非常好的公众号因为外部资源的缺乏一直得不到很好的发展，搜索功能的推出为这一类型的公众号带来了发展契机，主要有以下四大发展契机。

契机 1：微信布局移动搜索，公众账号搜索功能大大增强；

契机 2：布局线下智能扫码，强化商户转化率；

契机3：增强微信支付的使用场景，让身边支付更方便；

契机4：进一步增强通话功能，增强私密社交圈子。

微信5.4版本解决了之前一直困扰着我们的580多万微信公众号每天产生的海量信息只有公众号的关注用户才能看到，或者靠朋友圈的转发才能被其他人看到的"尴尬"处境。

微信5.4版本解决了要依赖其他平台把已经有的用户资源、流量资源往微信上倒才能产生效果的"吃力"的操作方式。

微信5.4版本解决了信息的可挖掘能力，比如，个人可以搜索内容，甚至自己在朋友圈分享的信息，都可以回溯。而企业则可以对微信公众平台后台的数据进行量化和挖掘，完善数据查询服务。

分析与总结

腾讯是要用一个轻量级的APP微信打造一个集媒体、社交、搜索、电商的大平台，紧紧掌控移动互联的头把交椅，使客户体验在微信产品上淋漓尽致地体现出来，使大家清楚腾讯是一家懂人性的企业。

从5.3版本到5.4版本，看似只有几个小功能的更新，但其实意义非常重大。可以看出微信官方的脚步非常稳健，一步一步都规划得很清楚，唯一的目标就是要将微信打造成更加强大的社交平台。这个版本对公众号来说是一个非常大的利好，大家要研究相关规则，努力把内容运营好，或许可以抓住这个契机再来一次快速成长。

第四章 微信营销执行全案

第一节 微信发展的里程碑

微信是腾讯公司于 2011 年 1 月 21 日推出的一个为智能终端提供即时通信服务的免费应用程序,微信支持跨通信运营商、跨操作系统平台,通过网络快速发送免费(需消耗少量网络流量)语音短信、视频、图片和文字,同时,也可以使用共享流媒体内容的资料和基于位置的"摇一摇""漂流瓶""朋友圈""公众平台"及可以录音的"语音记事本"等社交插件。

一、微信的属性与特征

微信的多样化、传播精准、成本低等,使得它具备了传统营销不具备的特点和优势。例如,使用更便捷、可随时随地传送和查看朋友圈消息。它不仅是一种"社会化的及时沟通工具",更有社会化"自媒体"的属性。说它是自媒体,因为它具备了媒体由信息源向一定数量受众传送信息的特性。说它是社会化,一方面是因为它的内容可以由任何社会化的个人自由注册创建,另一方面是因为它的传播是基于"关注"和"被关注"的信任链,依赖人和人之间的朋友圈社交关系完成,而且传播精准、到达率几乎 100%。

张晓龙曾说,再小的个体,都有自己的品牌,在微信这个目前最活跃、最精准、最具有私密性的传播平台,每个人都是主角,主要体现在以下几点:

① 因为微信的方便易用,每个人都可以成为信息发布者;
② 因为微信巨大的转发率,每个人都可以成为自媒体传播者、发布

者，可以经营自己的品牌；

③微信上的每个人，就代表着生活中最真实的自我；

④因为信息转发率高、传播精准、受众人群大，微信上的信息传播具有"病毒式"营销的特点；

⑤从本质上说，微信满足了每个人朋友圈的生活、交往、沟通等最基本需求。

二、微信给了人们一种新的生活方式

人们使用手机的时间已经远远超过了其他沟通工具的时间，在公交上、地铁里、商场内、家中等许多地方，人们无时无刻地不在使用手机，而手机的功能也越来越强大。因为这样，手机并不是只作为通信工具这么简单。微信的浪潮来袭，让我们的生活变得越来越方便、越快捷、越丰富多彩。微信成了我们了解资讯的核心入口，曾经熟悉的场景变成：

场景一

一个有需求的用户没有打开计算机、连上网线、打开浏览器、输入百度，而是拿出手机打开微信。他直接与你的公众账号沟通，因为你让他信任你发的信息，他不会对你有排斥感，只会由衷地信赖。你不需要向你的客户索要手机号等联系方式，因为他的微信账号就在你这里，数据库就在你手中。他不会点了你的链接就走，而是收听你每天发给他们的信息。这些信息可以图文并茂，可以有视频，也可以有音乐，总之你能想到的都可以，而且他是一对一地接收。你们之间没有距离感，你的客服只需告诉他想知道的，他就会变成你的客户。

场景二

商家将打折券、优惠券、会员卡转变为二维码，消费者无须携带各种购物优惠凭证，只需要携带自己的智能手机，便可以进入商家优惠信息的集成领域，利用微信中的二维码扫描功能扫一扫商家、企业贴出的二维码，便不用再填写烦琐的个人信息，也不用出示各种证明便可直接获得打折优惠的权利。不仅如此，微信用户还可以将各种优惠打折福利送给自己的朋友，只需要将各种打折优惠的二维码用手机拍下，然后让朋友扫描一下自己手机上的二维码就可以分享福利,十分便利。

场景三

除了享受快捷打折优惠外,微信还可以查询火车票,方便人们出行。微信用户在微信公众平台中找到"余票查询",或者扫描中国铁路总公司推出的余票查询二维码。添加完成后可以在"余票查询"的对话栏中输入始发站和终点站,所有车次和余票情况便显现在我们面前。这样,我们就无须排队到售票口询问车票情况,也不用盯着火车站售票大厅的车次公告栏了。

场景四

有出行就要有住宿,微信同样可以帮助解决人们出行过程中的住宿问题。首先,下火车之后我们可以利用微信中"查看附近的人"的功能查看一下附近的情况,然后会发现各种旅店信息,点击关注后可以获取旅店的详细信息,最后通过综合比较找出最适合的旅店。

如果我们想到指定品牌的连锁酒店住宿,那么微信同样可以帮助我们。打开微信的"添加公众账号"功能,输入我们想要寻找的连锁酒店名称,然后点击关注,就可以与对方连接,利用微信的定位功能,连锁酒店可以为我们提供离我们当前位置最近的分店信息,而且我们还可以通过查看其他顾客的评论深入地了解酒店的服务状况。

场景五

微信对我们生活的关怀可谓无微不至。例如,微信的语音提醒功能。微信语音提醒功能在微信的通讯录中,当我们点击语音提醒后输入相应的文字信息或语音信息,便可以轻松完成设定。微信的语音提醒功能一改其他手机文字提示的方式,用语音通话提醒我们指定时间应该做的事。当我们在开车途中,如果设定了手机文字提示,到了提示时间我们还需要打开手机观看提前设定的内容。而微信则可以直接通过语音方式表达出来,这不仅为我们提供了便利,也保证了行车安全。而且,微信的语音提醒功能也可以由语音进行设定。例如,早上 10 点我们打开微信语音提醒,直接说道:"5 分钟后提醒我买报纸",微信便会自动进行语音回复:"没问题,

10点零5分准时提醒您买报纸",不仅方便、快捷、准确,而且十分人性化。

分析与总结

微信的未来不可估量,但无论微信怎样发展变化,无论微信上出现多少新颖的功能,我们有理由相信,微信本身社会化、媒体化、个性化、实时化、精准性、私密性等基本特点只会被加强,而不会被改变。微信的发展只会让我们的生活更方便、更轻松,只会不断给我们带来更多的乐趣和享受!

第二节　企业微信营销深度剖析

伴随着移动互联网的成熟和发展,微信的出现是一个划时代的创新,而微信营销必将驶入快速发展的轨道,企业开展微信营销势在必行。企业若能利用好微信这个传播平台,与消费者互动,潜移默化地进行品牌形象建设,发挥其正面的宣传效应,必将在未来的市场竞争中占据一席之地。

一、微信营销的概念

微信营销是企业用微信和用户建立连接,通过不断的信息互动和服务来获得品牌影响力和提升业绩的营销行为。传统的营销都是建立在不同的平台对客户进行营销,成本很高,并且还需要不断地重复才有效果。而微信营销,是基于微信公众号系统,不仅是 CRM 系统,更是一个移动服务平台。

在追求微信营销的路上,很多企业一直在模仿却从未有超越,因为他们常常只是抓住了工具却忽略了工具两端,企业与用户。那么,当你决定做微信营销时,需要考虑很多问题,如果想清楚了,无论你接下来做还是不做你都成功了一半,否则只会是形同虚设。那么,做微信营销之前应该要考虑的问题有哪些呢?

二、做微信营销前须明确的五个问题和三个因素

微信的用户基数庞大,目前已经超过6亿,坐拥这么庞大的用户,微信成为商家纷纷看好的营销平台。在这个平台里,企业和商家都能找到适合自己的客户人群。然而,如何找到这些用户,如何进行微营销,这是每个微信运营者首先要思考的核心问题。

五个问题

我认为一个企业如果要进行微信营销,要利用微信这个平台赚钱,那么就必须要了解下面五个问题,只有明确了这五个问题的答案才是做好微信营销的关键。

(1) 你的微信中有多少目标用户?

(2) 怎样去挖掘这些目标用户?

(3) 你的微信能给目标用户提供什么样的价值?

(4) 你怎么通过微信营销让目标用户带给你效益?

(5) 微信营销需要付出的和与付出相对应的收益之间的比例是多少?

三个因素

(1) 从用户和目标用户去考虑。

微信在短时间内迅速增长了数亿的用户,虽然数量庞大,但这些微信用户人群有多少是你的用户或目标用户呢?作为中小企业不可能像大企业那样有大量的资金去大海捞针式的寻找目标用户,这样只会浪费大量的人力、物力、财力,而且也不能达到预期的效果,必须通过精准的方式寻找自己的目标用户及粉丝。

例如,一家做海外房地产销售的公司,他们的目标用户是准备在海外购买房产进行投资、旅游、移民的高端消费者,这些人群不具有明显的记号,但通过整合高尔夫球会的客户,与其建成联盟,强强联手,共同组织海外高尔夫活动,就获得了良好的收益。有的时候我们做微信营销不能单单靠微信而是要靠多渠道的整合来配合微信赢得客户。

(2) 你的微信能给用户带来什么价值。

假如你的企业非常适合开展微信营销,但是你怎样才能让微信中的目标用户关注你呢?你能够给他们提供哪些有价值的信息呢?不会有用户因为无聊而去关注你的一个商业性的微信号,唯一的可能性就是你能给他们提供他们所需的信息或服务。

例如，一家计算机维修公司，可以给用户提供计算机维修免费咨询以及计算机自检方面的知识信息，可以给客户提供专门的一对一的专家服务和有针对性的计算机自我维修知识咨询，通过这些知识的信息分享获得了很多客户的认可。

(3) 如何判定是否适合微信营销？

很多企业并不是不适合微信营销，而是采取的推广方法有问题。我们通常会发现一些公司在自己的官方网站的某个角落挂了自己的微信二维码（基本各行各业的网站都有），就认为自己做了微信推广。

要知道微信推广是个系统化的过程，需要线上线下多种媒介手段来配合，没有推广，你的目标客户不知道你的微信；没有微网站，你的客户进入的是对手机屏幕来说毫无重点且拥挤不堪的桌面系统网站，怎么可能信任你并为你产生利润呢？

一个企业要发现微信营销的长处，理清自己的营销思路是最基本、最关键的所在。微信营销是一个新事物、新方式，需要好好利用，别人成功了并不代表你也必然成功，一定不要忘记先磨刀，有了确定的方向再前行，否则有可能越努力离目标越远。相信考虑好这五个问题和三个因素后再进行微信营销一定比盲目入驻后手足无措要好得多。

但是，实际情况是很多中小企业甚至个人都没有去认真地思考过以上问题和因素，就盲目地做微信营销，却没有多大的效果。

那么，对于很多还不了解微信营销的企业来说，他们该如何更好地运用微信，打造企业自身的微信营销平台？企业微信应该如何去运营？运营期间操作的步骤与技巧有哪些？操作时应避免哪些误区呢？下面就此一一给出答案。

三、打造企业微信营销平台的四大关键

微信营销是个新生事物，很多公司想去做，却不知道怎么做？但做到以下四点，微信营销至少成功了一半。

(1) 有意识有策略。

做微信营销，要知道通过微信公众号我们能够为用户提供哪些内容和服务。

(2) 有推送有服务。

微信公众号都是通过图文信息的推送，让用户知晓信息及引导用户下一步行为的。所以要让这些推送，成为我们服务用户的一次次点击链接，这样对用户才有价值。

(3) 有账号有特色。

普通的公众账号是没有更多功能的，建议使用微信的第三方工具来搭建公众账号，比如搭建一个有特色的微网站，让用户能够从微信中了解你、认识你。只有用户充分了解你以后，他才会成为你忠实的用户及粉丝。

(4) 有内容有互动。

微信公众号是一个服务的平台，如何让用户互动呢？比如新产品的推出，可以让用户在微信中回复并表达他的意见。用户参与的多与少，不能决定你的产品的好与不好，而是说明他们更喜欢有自己元素的产品。互联网思维是，用户的参与决定你的产品力，小米的手机不是最好的，也不是最大牌的，却是用户参与最多的，所以小米成功了。

四、微信营销推广三大原则

微信推广，实质上是一种新兴的网络推广。也就是说，如果要做好微信的推广，除了借助于微信用户已经突破6个亿的庞大人群基数，还要有一支技术过硬的网络营销团队，最好具有BBS、微博等媒体的成功推广经验。在具有这两个必要的前提下，微信推广还要遵循以下原则才算"脚踏实地"。

原则一：实用性

实用性，简单地说就是微信用户用得着的内容，不是无关的废话，不是漫无边际的行业信息。微信推广主要是从以下两方面强化内容的实用性：第一，针对未购买的准客户；第二，针对已经购买的老客户。

就未购买的准客户而言，选购商品还是一个"大事"，无论获取信息的渠道增加了多少，消费者还是想听到来自权威商家的准确的、客观的选购建议。基于此，在结合品牌自身定位的前提下，提出与之对应顾客群需求的选购指导、应季的产品系列，让准顾客感受到品牌的诚意，这就实现

了售前的最佳引导。

对已经购买的老客户，比如高档皮具，如何保养、如何使用、如何常新就显得特别重要（道理类同于车主对"爱车"的保养），那么各种保养常识的普及与提示会员定期到店保养就是准确且实用的方法。

原则二：趣味性

想用发布的信息吸引人，首先就要了解这些人。比如珠宝产品，不用分析我们也知道，购买并关注珠宝最多的无非是女性，尤其是现在追逐时尚的 80 后及 90 后。而女性毫无例外的都有些小迷信，这不难解释为何中国各大门户网站的"星座专栏"如此火爆。血型、星座、属相，这些永远都是女生聊不完的话题，顺应女性的"八卦"心理，让她们加入你的圈子，让她们订阅你的信息，那么品牌自然就与受众们"趣味相投"了。

原则三：便利性

微信用户关注你，仅仅可以获得你的产品方面的信息吗？何不给粉丝提供其他便利、提供全方位的信息宝典呢？例如，技术方面做好微信导航也非常重要，方便新增粉丝能够对往期精彩内容进行回顾和浏览，使得粉丝们能够以最快的速度从你的微信中寻找到自己最感兴趣的信息。

以下内容是企业微信运营操作的相关步骤、方法与技巧。

五、企业微信运营的九大操作步骤

第一步：设置微信自定义菜单，展现更多内容

我们要考虑这个公众号为哪些人提供服务。你可以建一个为加盟商服务的公众号、建一个为用户服务的公众号，因为服务的人群不同，所以对公众号运营的要求、功能都不一样。

微信的高级功能中，有一个可以在底部自定义菜单，且可设置三个大菜单，每个大菜单下又可以设置五个下拉小菜单，所以总共可以有 15 个菜单让用户来点击。怎么安排这些菜单，跟网站栏目规划的思路差不多，设置得好会让用户的点击率更高。

第二步：公众账号名称设定要突出"品牌＋行业"

如果你的账号还没有开通，你看到这条提示算是走运了。微信名字一经确定不可修改，它是微信的门面形象之一。打个比方，如果微信号是一个网站的域名，那么微信名称就是网站的名字。

起个好名字是马虎不得的事，这里最直接的建议是要让人一看就懂，不要那么有内涵，不要像 PC 端一样起个什么京东一号店之类的需要思维转换的名字，而要突出"品牌＋行业"的格式，比如"××汽车""××百货""××酒店"，等等。因为这个名字会出现在每篇微信正文的标题底下，很多人都是看到这个名字并且懂了之后才决定要不要关注的。所以，要直接在名字里告诉他你可以提供什么。

第三步：微信发文，标题要博眼球

标题是微信的探路先锋，无论是主动推送的图文，还是别人转发的图文，基本上第一眼只能看到标题。简练、准确、传神的标题会吸引粉丝有强烈地点开阅读的欲望，一般通过自然转发得来的粉丝都是最原生态的，也是比较容易成为忠实粉丝的。所以，要看重这种自然增粉的方式。你要考虑到别人转发你的微信之后，如果转发人不添加任何评论，他的朋友们就只能看到一条标题。因此标题中最忌讳的就是用一些平铺直叙的陈述语句和晦涩难懂的词语，最好的标题都是"白开水"一样的词语反映深刻的道理。

第四步：关注自动回复要有"小礼物"

如果说以上两条都是吸引别人的关注点，那么从这第三条开始就是增加粉丝黏性的一些技巧。首先别人关注后要有小礼物，即自动回复中不要只是一些"谢谢关注""你好""祝您生活愉快"等没有营养的话，也不要傻傻地贴一段话没命地介绍自己的企业多么好的文字。你只要一句简短的话介绍你自己，告诉他你可以给他什么，然后给他一份小礼物。

这里说的礼物不是真的要给他实物，通常都是虚拟的积分、精彩图文等，让关注的人过个小瘾，也表达了你的诚意。

第五步：微信平台功能介绍很重要

关注之后，很多人喜欢看看这个微信号是做什么的。怎么知道它是做什么的呢？最简单的方法就是点一下屏幕右上角的人像，看看"功能介绍"。有些账号空着，有些人写了一大段话，这都是大的禁忌。通常用一两句话就可以说清楚自己的功能，最重要的还是要告诉访客，你可以带给他什么，这条信息要有形无形地让他感觉到你可以带给他什么。

第六步：提示"点击蓝色字体关注"

这里的"蓝色字体"就是第一条提到的微信名称，它会出现在每篇文章的标题下面，直接点一下就可以关注。这个动作非常方便，所以要抓住这种机会，在正文开始前做个小提示，引导访客点一下关注。一般的做法是文字提示、图片箭头指向提示和作者提示（作者的位置就在蓝色字体左边，有些人会把作者画成小手指指向微信名称）。

第七步：不忘提示点击"阅读原文"

这是微信公众平台上唯一可以做"内链"的地方，就是在文章最左下角，可以插入一个链接。这个如此珍贵的链接千万不要浪费，虽然是"阅读原文"四个字，但是里面真的放原文就太傻了。通常的做法是对这个链接进行文字推荐，告诉别人点击这里可以看到什么或者买到什么，思路就和 SEO（搜索引擎优化）做内部链接一样。

第八步：提醒关注方法，提示分享转发、收藏

一般一篇文章完了之后，都会做一个页脚，这个页脚最重要的功能就是提醒转发及分享，其次是提醒关注，再次是提醒收藏。你必须承认，还有很多人不知道怎么转发及分享，但是却很渴望转发，你不提醒可能就失去了一个转发增粉的机会。所以，一定要把这几个动作用图形直观地展示出来，让人一看就马上行动。

一般在这个页脚之前都会有一小段非常有煽动性的话，让访客更有转发欲望，这段话也是非常值得斟酌的。

第九步：设置关键词回复

不知道你有没有关注罗辑思维这个公众号，每天一分钟语音，通常语音的最后一句话就是提醒你"回复某某关键词再给你看一篇文章"，这是一个很重要的技巧。关键词自动回复可以设置 N 多个，这些关键词类似于网站的标签，把公众号的历史消息用标签组织起来，会让你的内容得到很好的循环利用，也让人感觉到你的账号是有料的。

微信公众号就是一个"微网站"，只不过它不需要面对搜索引擎，而是直接面对用户，所以以上这些设置都要从用户的角度出发来进行，而且在内容方面会有更高的要求。一般企业都会在实践中慢慢摸索出更多让微信公众号越来越落地、越来越实操的方法。

六、微信营销的五个技巧

（1）根据企业特点，突出微信服务。

一个好的微信创意最关键的是突出品牌，强调服务、技术与认知。只有在了解微信用户目的、认识微信用户需求的基础上，才能确定什么样的视觉和语言、什么样的服务和技术适合与用户沟通。为此，在微信主题设计上，应站在用户的角度，注意用户需求与微信内容的相关性，选择具有吸引力的微信主题，突出微信营销服务的特点，才能打动用户，从而提高微信信息的访问率。

（2）加强微信互动性，注重用户体验。

互动性在沟通中蕴藏着巨大潜力，因为好创意能够创造高访问率，特别是优秀的用户体验能够驱动用户与用户之间的信息传递，所以微信创意要从考虑能否通过互动性给用户留下深刻印象入手，这一点星巴克微信堪称典范。个性化互动形式提高了用户体验，大大拉近了品牌与用户的距离，用户回复的内容代表着更精确的用户兴趣方向，这更是难得的资源。

（3）营造微信情感氛围，提高品牌亲和力。

微信不只是向用户介绍产品与服务，也是与用户进行情感沟通的一种方式。在微信中饱含情感能够使用户体会情感的寄托，在心理上产生情感共鸣，进而激起用户的向往，对商品与服务产生兴趣，达到"四两拨千斤"的效果。将情感融入微信创意，使微信信息中洋溢着贴心的关怀，既新鲜、易于用户接受，又能提升企业在用户心目中的印象。

（4）有奖参与品牌活动，让微信富有趣味。

用户对自身利益的关心和娱乐取向是微信创意的一个突破口，在微信上发布企业的一些品牌活动信息，强调参与活动给用户带来的好处，往往能吸引用户参与活动。天猫商城微信恰恰抓住了这一点，将网购用户最关注的红包作为用户参与活动的好礼，并根据用户的兴趣营造出众多宇宙星球的新概念。用户怀着浓厚的兴趣与欲望，进行星球探险、答题赢红包。用户的关注度与参与度被极大地调动，天猫商场的企业形象也同时得到了提升。

（5）微信结合微电影，提升企业品牌形象。

运用企业宣传片进行企业形象塑造是常用的方式，而纯粹以宣传自身为目的往往会引起观众的抵触心理，由于微电影丰富的表现形式更具吸引力、亲和力和传播力，可以在微信中发布企业微电影，将企业品牌形象融入微电影的剧情、内容中，从而包含更丰富的创意元素。小米手机微信推出《1699 毕业季》微电影，电影主题为纪念青春、为理想燃烧，同时推出分享内容送小米盒子的抽奖活动，在与用户的沟通与交流中，提升了企业品牌形象。

除了以上五大微信营销技巧外，我们还要掌握以下内容，以使用户在微信运营中避免产生不应有的失误。

七、微信营销的四个三法则

微信营销是互联网时代企业营销模式的一种创新，很多中小企业在试水微信营销的过程中，花费了很多时间和精力，却很难认识到微信营销的本质，最终导致营销效果不理想。因此，要想做好微信营销，必须真正认识微信营销的含义、模式、操作方法和注意事项，以下总结的微信营销四个三法则，为正在运营微信公众平台的你提供一个切实可行的营销思路。

透视微信营销的三层含义

（1）巧妙设计。

营销信息需要精心构思，更提倡润物细无声的方式。对于受众，微信营销信息需要对三点进行设计：可信任、有用处、不惹反感。这意味着，微信营销需要兼顾三个方面：传达重要信息、尊重客户习惯、满足营销目的。此外，微信营销体系设计也要与时俱进，适应时代特点，并根据企业、时机和客户群的不同而精心设计。

（2）潜移默化。

当下是商家注重品质和消费体验的慢营销时代，与大众媒体"狂风暴雨"式的营销不同。自媒体风起云涌，相当于对大众人群以媒体偏好的方式进行了细分，这使得媒体生态更加细致，有利于企业充分利用各种媒体组合，逐步实现信息传播的渗透，这为中小型企业创造了更多营销创新的机会。

（3）细致入微。

在细分客户群和信息传播阶段，量身定制微信营销信息和营销手段可以再细分。毕竟，移动互联网时代是以关系为中心的时代，而不是以信息为中心的时代。

微信运营必备的三种营销模式

（1）拉新。

通过5个动作建立新客户关系。分别是"吸引过客""归集访客""激活潜客""筛选试客"和"转化现客"。

（2）顾旧。

通过"挖掘大客"和"培养忠客"，挖掘客户关系的价值。

（3）整合。

整合新旧资源，产生爆炸性的能量。首要形式为"升级友客"，即把客户变成朋友，而不是把朋友变成客户；其次是"结盟换客"，把拥有较强客户资源的自己变成一个渠道，让更多人通过这个渠道进入客户群。

微信营销具体操作的三个关键点

（1）从售后服务切入。

这是服务营销和客户关系营销最基本的关系，而传统营销过多地强调信息传递过程和信息手段，忽视了关系的本质。

（2）使用服务号，而不是个人账号。

服务号可以提供更丰富的接口，为消费者提供强大和多样化的服务类型，而个人账号主要是用于满足个人沟通，在服务客户时会有很多不便。

（3）提供多样化一站式服务渠道。

不要单纯地盯着微信，而是"消费者在哪，我们在哪"，与邮件、QQ、网站、搜索引擎、社区、400电话等共同使用。如果只是注重微信这个层面的营销，其效果会差强人意。

微信营销三大注意事项

（1）推广要有内容且内容要精练。

切忌：无推广计划，无推广思路，甚至无推广人员，就是注册一个官方微信，偶尔发发百无聊赖的行业信息、自言自语的抒情小文。

（2）避免促销、打折信息过于频繁。

切忌：今天打折、明天促销、后天买赠的信息过于频繁，而除去这些又无其他内容可言；要给予粉丝一些真正的关注，让粉丝们觉得你的品牌不是自顾自地发促销信息、打折信息，而是在互动，是积极地与粉丝们打成一片，是在关注他们更需要什么。这比天天发促销、打折信息更实在。

（3）微信推广要有章可循。

切忌：推广乱出拳，今天发一条，明天发一堆，想起来了就做，忘记了就扔一边，压根没有把这个免费平台当回事，无节奏、无计划、无章法；企业一定要有明确的推广计划，而且是全年的推广框架与每个月的计划，要有步骤、有计划的推广，可以有促销，但是要促得有技巧，促得频率要控制好。

分析与总结

微信营销不是简单的推送和转化。腾讯为微信营销提供了丰富的工具和平台。企业以微信服务号为基础，配合微信朋友圈、微信群和个人微信消息的群发功能，通过微信支付、微信小店、微信多客服和营销QQ微信版等多种工具，实现微信营销，还可以利用基于广点通的微信推广平台，实现可控的拉新。利用微信内置的腾讯云分析平台，可以对微信营销的效果进行直观分析。

友情提示

微信营销是"一把手"工程,这是其与传统及其他网络营销手段的显著区别。通常都是企业负责人亲自动手去打磨自己的微信平台,推进微信在企业中的应用,这是微信营销能够在这些企业得以彰显力量的前提。离开了企业当家人的重视,微信营销就很难在企业中广泛应用,营销创新更无从展开。

第三节 企业微信营销执行策略

信息时代对品牌营销提出了更高的要求,信息不仅要完整地展现在消费者面前,更要考虑以何种方式出现在消费者面前,如何让他们在众多信息中第一时间就能看到你、关注你。虽然消费者接收的信息纷繁复杂,但他们也在寻找与自身需求契合且耳目一新的新生事物。而对于品牌来说,深入发掘目标消费者需求,建立生动的形象与消费者有效沟通是吸引消费者关注的必然之道。一个好名字、一款生动的包装、一句打动内心的口号、一则吸引眼球的广告都可以成为吸引消费者的兴趣点。吸引关注是品牌在碎片化时代打动消费者的第一步,也是关键一步。相对于大企业来说,中小企业因微信营销的产生开辟了一个新的营销思路:官方微信定位到内容互动,再到微信整合营销。

一、品牌策略

微信营销因其独有的特点正在成为现代营销市场的主流,无论营销环境还是营销方法都是一个转换过程。微信营销让企业从原先粗放型网络营销步入精准型互动营销时代。企业微信营销的本质,就是利用一对多的便捷灵活的实时信息传播工具,营销企业品牌、产品、资讯和服务。

(1)作为一种实时信息传播工具,企业微信营销的内容策略注重传递有价值的内容,定期与千万粉丝形成良性互动之势,并在微信上找到精准用户。

（2）中小企业可以选择突出公司优势的点来搭建微信公众平台，建立后应有专人进行维护，用心经营才能起到良好的营销效果，以内容为核心驱动聚拢忠实粉丝。

（3）融入品牌故事、设计展示、市场推广、渠道专享等帮助企业提高客户的认知度和客户满意度，使客户与企业的合作成为一种习惯，让客户与企业双方获利。

二、渠道策略

中小企业微信的渠道策略，就是聚合多种渠道进行营销推广，做到"无微不至"，使得粉丝数量的成长实现狂飙突进。有了渠道，信息内容才能流向精准客户。

这里的渠道包括吸引粉丝推送、朋友圈转发、微信联盟、微信应用（APP）、主动关注、论坛、QQ群、社区、贴吧、相关组件链接、企业官网、媒体杂志推广等。

微信营销的渠道应该是本着让消费者方便的原则设置。为了在网络中吸引消费者关注本公司的产品，可以以本公司的产品为主，再联合其他中小企业的相关产品作为自己企业产品的外延，关联产品的同时出现会更加吸引消费者的关注。为了促进消费者购买，应该及时在微信上发布促销信息、新产品信息、公司动态。

三、服务策略

中小企业微信营销所面对的客户大多是企业客户、经销商、业务往来单位，还有生活中的朋友、同事、同学等，具有平民化、年轻化、高学历化的特点，他们主要在上班、午休、下午4点以后、晚上8点以后等时间发微信。这些微信主流人群主要通过撰写微信句子或短文发表自己的观点或宣泄自我情绪，此外还会参与话题讨论、转发、评论和收藏别人的微信文章等。

这些顾客崇尚自我表达、分享和互动，所以中小企业微信营销要关注粉丝、关注客户，把他们当成朋友和知己，善于倾听、回复和转载他们的文章，为他们解决困难。而真正宣传和推广企业产品信息的微信文章，要控制在一个较小的比例，一般以占自创微信文章数 5%～15% 为宜，这样才能源源不断地汇聚粉丝和关注度。

四、用户分类策略

用户分类有利于我们更精准的推送和服务用户。如何分，怎样分，企业要根据自身的情况和特点自行解决。对于我们知道的客户，比如我们的代理商或者很熟悉的老客户，就可以直接进行归类。对于我们不熟悉的客户，怎么办呢？那就需要我们创造一次沟通互动的机会。比如你发一条提供优惠券的图文，而这个图文不是直接送给用户的，需要用户回答 2～3 个问题。这个问题和回复，需要你在后台设置好关键词应答。

例如，你是××企业用户吗？A 是，B 不是。用户回答 A 或者 B 就可以判断用户属性了，然后根据回复的关键字母，给用户发送第二个问题。你喜欢电商还是 O2O？A 是电商，B 是 O2O。根据这个回答，我们再一次进一步判断用户的属性。

我们巧妙地设置互动的问题，根据用户的回答来完成对用户的归类及分组这一点非常重要。

五、产品策略

中小企业想通过微信实现产品营销，就要制订好产品策略，首先，要做好产品定位；其次，提供方便购买该产品的通道和优良的售后服务。因为微信信息内容较为精致，不可能全面介绍产品的详细信息，所以在官网或其他 B2C、C2C 网站上要有相关的链接，方便客户网上选购和支付，同时承诺各项售后服务条款要逐一落实；最后，适当让利惠及粉丝和微信群。因为产品网络销售的费用远低于其他销售渠道的销售费用，因此成熟的中小企业完全可以向活跃的粉丝、忠诚的粉丝提供专项优惠服务。

六、价格策略

微信营销中不可忽视的是价格策略，价格策略也是最为复杂的问题之一。微信营销价格策略是成本与价格的直接对话，由于信息的开放性，消费者很容易掌握同行业各个竞争者的价格，如何引导消费者做出购买决策是关键。中小企业如果想在价格上取得微信营销的成功，应注重强调自己产品的性价比以及与同行业竞争者相比之下自身产品的特点。

除此之外，由于竞争者的冲击，微信营销的价格策略应该适时调整，可根据时间不同制订不同的价格。例如，在自身品牌推广阶段可以以低价来吸引消费者，在计算成本的基础上，减少利润进而占有市场。品牌积累到一定阶段后，制订自动价格调整系统，降低成本，根据变动成本和市场供需状况以及竞争对手的报价来适时调整。

七、促销策略

微信营销还有自身的促销策略，可以简单地概括为"个性化超人气促销活动+好又多立体化的奖品设计+透明公开的销售和兑奖"。此外，微信促销活动还可以配合事件营销、借势营销、口碑营销等常规网络推广方式开展。

综上所述，微信营销为中小企业开辟了一条新的营销思路，一种如何在创业初始阶段占领市场、推广品牌、营销产品、获得利润的模式。微信营销的兴起使得更多的中小企业面对大企业的挤压能够在节省开支的情况下不被打倒，以一种新颖的方式将自身营销出去，避开了资金不足、品牌弱势的弊端，使公司不断壮大。

八、微信营销三大经验分享

微信营销方法对中小企业来说普遍适用，投入大小皆宜，而且效果显著。最简单的可以是零投入，即企业利用网络环境直接上网，展开经营和商务活动，如在线支付、市场调研、客户服务、数据分析等。同时，也可以用链接商务网站来进行，基于商务网站和网络媒体进行消费观念的引导、经营理念的传播、相关信息的推广等。下面几种策略是被广为验证的经验总结。

（1）微信营销核心要素决策。

一是本企业核心产品的要求、企业经营理念等；二是根据市场调查了解顾客对产品的总需求量，按其重要程度排序，并强调企业微信公众平台

核心要素的特色和个性。

（2）完善微信营销策划步骤。

① 企业微信平台的定位。要求与传统产品营销不同，目的是放在客户的期望上，而不只是在需求上。应根据市场调查的需求，将客户分成各个等级，尽可能做到保住老客户、挖掘潜在客户、扩大市场。并且，必须让客户参与微信营销的全过程，以及相应的产品设计、推广、宣传等。

② 设定客户的期望。拟订一套与粉丝沟通、互动的微信营销计划，要求微信公众平台所展示的内容与形式，尽可能满足客户所期望的水准，适应客户的需要。

③ 完善微信营销组合的各个业务版块。如产品包装、广告、宣传、产品价格组合，以及与其他销售渠道的结合等，并建立相应的监督和信息反馈、客户建议等系统。

（3）按计划组织实施，并持续优化。

根据市场调查、客户期望，结合本企业的实际情况，可分别拟订微信营销的战略方案、年度计划以及微信营销单项活动的目标等，并按计划组织人、财、物的实施，核心在于成本核算。

九、制订微信营销推广计划的十大核心要点

很多企业开始没有认识到微信营销的价值，微信营销都没有安排专门的部门或者人员负责，推广更是没有思路和计划性。因此很多的企业盲目跟风似地开通了微信公众账号，但缺少推广计划与方案，再加上没有专人指导和设计，所以很多企业微信公众账号形同虚设。

在实际的操作过程中，微信营销者可以在微信创建之前就考虑好微信营销的目标，比如将重点放在品牌推广、产品销售、提高客户服务满意度等上。

制订微信营销推广计划大概包含以下十大核心要点。

（1）给别人一个关注你的理由。

比如了解最新网络营销方法请关注公众平台："公众平台账号＋二维码图片"。然后将你的二维码图片和账号配合这句话到处传播。

（2）给你手中积累的客户资源群发邮件或短信。

告诉他们我们开通了微信，关注我们有什么好处。

（3）把你的二维码放在你的网站上。

要在所有页面体现，而不仅仅是首页。通常情况下首页是没有多少流量，也就没有太多人看到。推荐的位置是页面左侧或者右侧固定位以及每篇文章的结尾。

（4）重点展现你的微信。

在你的其他宣传工具，比如博客、微博、空间上重点展现你的微信。制作专用图片模板，加上微信账号和二维码。

（5）在公司的宣传品上印上微信账号和二维码。

比如宣传单页、X展架、手提袋等。

（6）加入微信免费送资料。

整理目标受众喜爱的干货，告诉他们加入微信可以免费领取。人人都对资料有占有的欲望，虽然他们也不一定看。

（7）开展关注微信送小礼物的活动。

以实物为佳。每天公布送出名单，刺激关注。

（8）加入目标用户的QQ群。

找准目标客户，加入他们的QQ群，直接影响每一个人，注意不要太直接，要多提供福利。

（9）加入微信导航网站。

类似于网址导航，百度上有很多这样的网站，实践证明，加入后还是有一定作用的。

（10）微信内容要及时更新。

每日一篇，多以文章为主，辅以视频、音频，通过朋友圈分享、粉丝朋友圈分享、互助链接推广等方式。针对不同产品的推广和不同的营销目的，营销人员要根据实际情况制订适合自己的计划。

十、企业微信品牌扩大影响力的八大步骤

微信营销是营销策略中一种现代化的新兴营销手段，通过微信这个平台来推广品牌，传播更具人性化的公司形象，扩大品牌的影响力，已经成

为现代企业的必然选择。众所周知，企业必须依靠市场才能获得生存和发展！成功企业的经验是：让"营销"挂帅，让企业的其他职能（如生产、财务、人力资源、研发等）都接受营销职能的统帅和制约。如此，企业的目标才能顺利达成。

因此，对于企业的微信运营，企业管理层也需要快速合理地设定企业微信平台的营销目标。而营销目标的设定往往不是最重要的，而是目标到底为了解决什么问题？目标的设定会给企业带来什么价值？设定好企业微信营销的目标之后，需要具体的目标拆解，按照步骤进行推进。笔者认为，企业微信品牌扩大影响力有如下八个步骤。

（1）定位企业微信平台。

企业需要定位自己的平台，自己的微信公众账号究竟要给粉丝提供什么内容。建立的初衷是为了彰显品牌，进行宣传；还是立足于服务，为粉丝提供售后以及咨询服务，要提前考虑清楚。内容即意味着营养，有营养才能有粉丝。

（2）定位目标人群。

建立好微信公众平台后，企业需要定位自己的目标人群。结合自身对于公众平台的期待，寻找符合自身平台目标人群的特征。这里的特征包含：性别、年龄、地域、消费习惯、生活习惯等，依据特征设定目标粉丝的满足比量表。符合设定的条件和特征多的，优先去发展。

（3）目标人群调研。

定位好目标人群后，需要的是对目标人群进行调研，了解目标粉丝的需求。

喜欢什么内容分类：粉丝喜欢什么样的内容，科技、人文、美食、旅游、还是其他方面的。

喜欢什么活动类型：粉丝喜欢什么活动，比如抽奖活动，或是征集活动，还是其他什么活动，等等。

喜欢什么时候接收消息：具体喜欢什么时间段接收消息。

不喜欢什么内容或活动：对于哪种内容或活动不喜欢、不"感冒"或者是没兴趣。

喜欢什么样的朋友：粉丝喜欢哪种类型的朋友，朋友喜欢什么样的活动、有哪些兴趣点。

喜欢怎样参与活动：粉丝是喜欢在线上微信端还是在线下参加活动。

（4）制定营销倾向点。

做好目标人群调研后，需要制定营销的倾向点。简而言之，就是营销需要倾向于哪一类粉丝，需要倾向于哪一类活动，需要在什么时候做内容群发推送，这一切都需要做出详细的安排。

（5）设定营销策略和目标。

选好倾向点之后，接下来就要制作完整的营销策略和目标了。集合粉丝增长量、图文转发、图文打开率等多维度，制定一定时间周期内的微信营销策略和目标，作为微信公众平台运营的动力和方向。

（6）划定营销运营节点。

制定好营销策略和目标之后，需要对目标进行拆分，划定各个阶段的运营目标。此外，需要考虑在某阶段的时间节点、关键事件、企业的关键纪念日等上做文章，争取在特定时间的节点上，做出爆发性的效果。

（7）制定具体的营销策划。

在节点划定好之后，需要进行针对性的内容和活动策划，结合即将到来的时间节点、关键事件、企业的关键纪念日等，按照时间点，针对性地策划相应内容和活动，制订运营的具体方法和策略。

（8）执行监督到位。

在具体的运营策划制定好之后，建立执行团队和监督体系，保证执行到位。毕竟再好的策略失去了执行，也就没有了意义。

笔者认为，"再好的工具，也挽救不了一颗沉睡的心"。只有正确的策略和方向指导，配合良好的精细化的运营，才能真正运营和维护好一个微信公众平台，才能做到真正的微信营销。

十一、经典微信运营执行案例解析

例如，某家快餐有限公司在微信营销方面就做得如火如荼。为了扩大自己的品牌影响力，在 2013 年 8 月和 10 月分别推出了代表其快餐特色的"疯狂帅锅""凭脸吃我"的创意微信优惠券 APP，并通过微信互动、游戏、优惠券、APP 和明星代言与粉丝进行互动。

其活动核心运营点借助于微信 5.0 后将微信公众平台的账号分为服务

号与订阅号,且服务号有推送信息的限制(每月仅1次的限制),致使很多之前一直以服务号为主运营账号的商家面临优惠券繁多及送达率低、品牌竞争激烈等市场营销现状和难题,因此这家快餐公司便另辟蹊径。

① 结合当代年轻人爱自拍、打游戏的特点,塑造社会热门话题,利用线下"白衬衣帅哥",打造"最外貌协会"的品牌营销。

② 通过创意"微信优惠券 APP(凭脸吃我/疯狂帅锅)+明星效应(某明星代言)+线下引导(京津冀所有门店餐桌桌角广告宣传推广)+口碑传播(给每位穿白衬衣的男士免费赠送一份石锅拌饭)"的方式,推广自己的品牌及产品。

③ 成功的使用微信 5.0 订阅号进行 O2O 营销;与传统营销手段相比,大大增加了目标消费群的认知度、好感度和参与度,提高了新品促销优惠券的到达率和使用率。

活动通过官方微博、微信首发,同时进行了一系列网络推广传播,包括:新浪微博知名段子手和意见领袖发帖晒照片引发微信热议、原创漫画登上新浪微博热门排行榜、各大媒体网站新闻发布、BBS 论坛口碑传播、视频推广等。

"凭脸吃我"仅 4 天就收到 7000 多张图片参与,总优惠券领取数为 18093 次;"疯狂帅锅"对其固有用户和新增用户形成了极大的黏性,人均参与次数和生成优惠券次数约为 5 次;这一系列营销传播推广共获得了 102400 多条讨论,正面关注和影响人群达 5000 万。此外,官方微博、微信的积极互动也吸引了不少粉丝的围观,此次活动也成了餐饮界微信营销案例的代表。

从整体上来看,这家快餐公司利用微信进行微信营销,其魔力的波及范围重点如下。

① 提升餐饮品牌知名度。

② 用微信带动官方宣传渠道。

第一步:APP 互动游戏"疯狂帅锅"

创意微信优惠券 APP 是一款互动性强的接食材游戏,消费者在玩游戏的过程中也会对其快餐公司推出的石锅有一个更深层次的认识。游戏非常注重互动的细节和消费者体验,在整个过程中,游戏还进行了速度由慢到快、加大难度、加时、双重得分等设置,可以让菜鸟和游戏高手都在游戏中得到乐趣,这样对于获得的优惠券也会更加珍惜,有利于提高游戏的参与率和优惠券的使用率。

第二步:"帅哥换帅锅"

在石锅拌饭上市促销阶段(2013年10月13日至11月8日)策划了一个"白衬衣帅哥日"活动:每周四其北京的快餐门店会全天进行"白衬衣帅哥日"活动,即给每位穿白衬衣的男士免费赠送一份石锅拌饭。

第三步:疯狂表情

为进一步调动粉丝群的力量,这家快餐公司制作了五款微信聊天、由明星代言的"表情包",增加粉丝与其的黏度。

创意微信优惠券APP推广重点。

(1)O2O门店推广,实用性强,直接转化为购买力。

把线上和线下有机结合,使微信营销的效果最大化。这家快餐公司在活动参与地区所有门店都进行了活动宣传,从线下反推到线上再导入线下。消费者到店扫描二维码玩"凭脸吃我"或"疯狂帅锅",立即获得优惠券,可立即使用,直接刺激消费,转化为购买力。

(2)在微信上利用明星效应、意见领袖力量,以点带面快速传播。

这家快餐公司官方发起微信活动后,北京快餐公司的分店开始转发,之后是某代言明星的主动转发,既而带动了很多官方的影迷开展多元化的合作,利用明星的力量在粉丝中进行传播;此外,邀请了各界的知名美食达人等意见领袖率先体验,迅速在网络上开始推广传播。

(3)微信朋友圈分享,进行口碑传播。

无论"凭脸吃我"还是"疯狂帅锅",活动中的优惠券都是以二维码的形式存在,可重复扫描使用,这家快餐公司鼓励消费者将自己的优惠券分享到朋友圈,与朋友一起分享这份优惠;并通过朋友圈这个网络上信赖度最强的口碑传播平台,形成与友同乐的感觉(类似微信打飞机游戏的传播),引导更多消费者的参与。同时,达成以下三大目标。

目标一:提高新品知名度和认知度;

目标二:增加目标消费者的关注度、好感度和黏度;

目标三：提高优惠券的到达率。

（4）通过微信逐步开始建立用户关系管理体系。

这家快餐公司平时对"微友"们关心的热点问题都会进行回复，解决"微友"们的实际需求。同时，在微信中除了及时发布店面的优惠促销活动之外，也关注节假日创意策划各种线上活动，形式多样，活动贴心又好玩，还能获得小礼品，受到很多粉丝们的追捧。在其微信营销的社交活动中，还有很多让粉丝感到贴心、温暖的小故事，随着粉丝量的增加，影响力也在逐步提升。

从以上成功的营销案例中，我们不可不知的三点启示。

启示一：社会化媒体营销让品牌推广营销更"接地气"

社会化媒体与电视、杂志、报纸、户外广告这些传统的媒体渠道相比更具草根性和平民化，所以更容易让普通消费者产生共鸣。对于大众餐饮业来说，"接地气"是非常重要的。除了食物本身的美味可口，认知度、好感度，以及口碑都非常重要。而社会化媒体营销传播是可以让品牌直接与老百姓面对面、直接贴近的一种方式。无论是微信、微博、论坛，还是视频、意见领袖，基本上都是大众每天接触的，而且最容易进行生活圈内转发口碑传播的方式。能够将社会化媒体与传统媒体很好地结合，会使品牌和产品的推广传播事半功倍。

启示二：创意微信优惠券APP不是简单的发"优惠券"

除了上面说的媒体渠道的选择，传播内容也非常重要。对于活动的策划和执行者来说，需要了解自己的目标用户、了解当下最火热的社会热点、准确抓住目标消费者当下的兴趣点和关注点，将整个传播渠道打通，这也就是我们常说的MM传播守则："Message（传播内容）＋Media（传播渠道）"。

启示三：有效的O2O运营

O2O能把线上和线下有机结合，能使微信营销效果最大化。在"凭脸吃我"和"疯狂帅锅"的传播中，这家快餐公司在京、津、冀三地所有门店都进行了活动宣传,每一张餐桌的桌角都贴了这两个活动的参与方式,从线下反推到线上再导入线下。这两次活动从门店带来的流量约占整个传播所带流量的30%～35%。

分析与总结

由于经济大环境问题,人们对于健康、营养餐饮的要求越来越高,2013年餐饮业的表现也不尽如人意,所以竞争也更加激烈。从个体商户到连锁巨头,从大众快餐到高档餐厅,越来越重视互联网、微信和大众点评等社会化媒体(新媒体)传播渠道,很多品牌在2014年都一腔热血地扎进了微信公共账号营销中,主要原因有以下三点。

(1)性价比更高且效果更易于衡量——与传统广告公关相比,新媒体营销费用更低且灵活多变,但效果更直接、更直观,效果反馈也更快;

(2)传播更快且更直接——新媒体传播是与大众更加直接、更加亲切的一种传播形式,也是现在大众接收信息最多的渠道之一;

(3)传播达到率更高——从优惠促销的角度来讲,餐饮业比拼的并不是优惠的力度,而是优惠的到达速度和到达率,这也是为什么餐饮业纷纷从线下的纸质传单、维络城转向线上的大众点评、团购等。

优惠券的发送和达到率是餐饮业的另一大难题,如今消费者对于四面八方的优惠券已经略显审美疲劳,如何能再次让消费者对普通的优惠产生兴趣呢?消费者对于快餐的选择最重要的因素之一是好感度和兴趣度,能够抓住目标消费者的兴趣点和关注点也是连锁快餐大佬们制胜的法宝。

第四节 策划组织微信营销活动

每个企业都会在微信上发起活动,活动的目的是吸引更多的人关注。提高自己企业的知名度,通过活动或者在线体验可以让企业更好地了解粉丝的需求,同时,也了解企业的产品销售情况。

据调查,在企业微信平台发起的活动中,最能够吸引人的是有奖活

动。只有你满足了用户的某项需求,激发了他们内心深处的欲望,粉丝才会积极踊跃地参加你的活动。激发欲望最好的方式是微信活动的奖励机制。这里面有一次性奖励和阶段性奖励。但对于一些没有多少预算做活动的企业,在奖品的选择上更应注意。企业不舍得花钱购买好的、价格相对贵一点的奖品去做活动,就不一定能获得相应价值的效果。所以往往会造成随便发起一个活动,只是用奖品去吸引参与活动的粉丝,为奖品而去的粉丝将奖品领完后,没有任何的回应,结果便陷入一个怪圈当中,很难形成"病毒式"营销效益。

这种现象其实很普遍,活动的成败其实与奖品的价格没有太直接的关系,设定奖品只是为吸引粉丝、增加活动趣味性的一种方式。活动的成功与是否经过精心策划、活动规则是否明晰、内容是否有创意有很大关系。以下的论述,可以让即使没有太多预算做活动的企业,也同样可以获得小投入、大产出。

一、企业微信营销活动策划

企业微信活动的推广,是做微信营销必不可少的内容。一次好的活动,对于吸引粉丝的关注,增加品牌曝光率都是至关重要的。所以,对于企业来说,微信活动的策划和推广就成了讨论的话题,以下一些经验值得借鉴。

(1) 活动目的清晰明了。

企业做微信活动的目的是什么,是增加粉丝还是促销新产品,或者是回馈老顾客?首先要明确做活动的目的,才能开展微信活动的策划工作。

(2) 活动主题吸引眼球。

人都是感官动物,活动要足够吸引你的目标受众,刺激他们的眼球,这样才能让粉丝参与其中,发挥最大的效果。比如参与活动能获得什么优惠,将是吸引粉丝参与其中的一种方式。

(3) 活动方案简洁化。

活动一定不要太复杂,设置过多的门槛,或者参与方式比较复杂,这样对于活动的传播都是极其不利的,会将很多新朋友或者达不到参加活动资格的目标受众拒之门外。所以活动一定尽量简洁,保证其易于传播。

(4) 活动形式创意化。

企业在策划微信活动的时候，要有创意，结合时下热点事件，根据企业自身情况来策划。一个好的创意会发挥意想不到的效果，例如，大家都知道的杜蕾斯微信平台发布的活动创意，很好地与粉丝形成了互动。

(5) 活动流程规范化。

整个活动流程要规范化，这样才能有效地实施。例如，发布活动微博及微信的时间、活动的推广、与粉丝的互动、奖品的获取方式等都要事先规范好。

(6) 活动推广渠道多样化。

微信活动的推广，是决定活动能取得多大效果的关键，活动开始后要在微信平台转发，做好活动前期的准备工作，通知更多的目标受众了解活动内容、论坛、微信、官方网站、线下活动宣传等。总之，微信活动前期的推广一定要做足、做够。

(7) 活动颁奖公开化。

企业最重要的就是诚信，线下活动的抽奖一定要公开，让粉丝信任你，只有信任你了，才能帮你做宣传，达到口碑效应，从而提升企业品牌形象。例如，微信活动如何抽奖、获奖关注公布、粉丝晒礼品等。

(8) 活动粉丝互动人性化。

把微信当作为客户服务的阵地，解答粉丝疑问，与他们互动，让他们感觉企业是真真切切的，没有距离感，从而加强对企业的好感。粉丝是需要经营、需要维系的，如何把他们培养成你的铁杆粉丝才是最需要做好的。

(9) 活动数据分析、总结精细化。

微信活动的数据分析在日后运营中是必不可少的，对于效果检测、后期改善、实施中遇到的问题等都要记录，做好数据分析。包括活动进行时监测转发情况、评论数据、粉丝增长，活动结束后达到的效果、与预期目标的差距，都要做好数据分析、做好活动总结。

以上就是关于微信活动的策划、推广之道，企业在运营微信的时候，要注意倾听，多和粉丝交流，给目标受众想看到的东西，这才是企业做好微信营销的关键。

分析与总结

对于企业微信营销来说，需要不断创造有创意的话题和活动，才能源源不断地吸引更多的粉丝参与。小米手机的运营有着与众不同的营销方式并有专门的人员在进行精细的维护，他们发布的信息传播正面、积极的产品内涵及企业文化，而这种企业文化可以转化为优质的客户体验和品牌的持续增长。通过微博、微信，小米公司能够成功建立起与已有客户和潜在客户之间的联系，就像通过客服热线交流一样。实际上，随着小米在微博、微信上的活跃，其品牌知名度也变得更高，而他们的客户、粉丝也因能够伴随着公司成长而变得非常热情。

二、微信内容写作的九大法则

微信写作的方式有很多，可以是简短的一句话，也可以是内容丰富的一篇文章。微信的写作，关键不在于把文章写得如何高端、如何华丽，而在于贴近粉丝、适合大众，以下介绍基本的微信写作法则。

（1）遵循基本语法。

许多微信比较随意、个性化，这都是对的，但是并不代表可以完全无视拼写和语法。如果你希望读者能够轻松阅读，最好还是遵循这些基本的语言规则。

（2）简明扼要。

微信写作虽然不需要像出版物那样考虑文章篇幅限制，但读者的时间是宝贵的，粉丝们都是很忙的，所以如果不直接说出自己的观点，关注者就可能不会再看你的微信。

（3）灵活的表达方式。

网民、粉丝都喜欢有新闻价值、有趣和幽默诙谐的内容，所以在微信的写作上，也应该尽量加入这些元素，以便让更多的读者产生下次再来的想法。

（4）提供有用内容。

"有用"是任何网络应用中最重要的，作为微信营销的引流重点，提供有用的内容是必须贯彻和坚持的基本法则。

（5）便于浏览。

现在信息相当集中而很多人阅读的时间及空间却在碎片化，微信上、网络上同类信息又太多，所以粉丝是没有时间仔细阅读的。微信营销者要让粉丝在快速浏览时，能很快抓住文章主旨。常用的便于浏览的方法是尽量减少大段的文字，增加有意义的图片、视频等。

（6）标题的创意。

标题需要简练并且具有吸引力。没有一个好标题，微信是没人去看的——当然，微信内容要和标题相符。

（7）用第一人称。

这一点可能是微信写作与其他写作的最大区别。在一般的出版物中，惯例是保持作者自立，但微信不同，你就是你，带着千万个个性化的偏见，越表达出自己的观点越好，写出独一无二的内容，那就是你自己。

（8）延续链接。

微信虽然在移动互联网中是独立并自成体系的APP，但也是互联网的一部分，应该充分利用这个好处。让其他文章为你的大作提供知识背景，让读者通过链接继续深入阅读，尽量为他们提供优秀的链接——这些链接可以是你以前发布的某个微信文章，也可以是你的销售网站上的某个地址，更可以是同类的优秀微信。

（9）关注同类优秀微信账号。

不但要关注和你话题相近的微信，还要看看另外一些优秀微信平台上发布的内容，好的微信账号内容会随着时间推移逐渐显露出来。看看他们哪些地方做得好，看看其他人错在哪里，坚持不懈地学习，不久你也会成为别人学习的楷模。

以上介绍了中小企业微信营销的关键点、背景、概况和策略分析等内容，在实际运用中已有不少成功的案例。以下介绍几个成功案例，案例中有微信营销的操作手段、推送方法和实战流程。

三、情人节话题营销经典案例解析

社交营销中，借势话题、时事热点来做，应该是行业的一个基本常识。因为在那个时间点，所有人的注意力都一致，都关注相关话题。操作得当很容易火爆，往往会让话题或事件营销获得事半功倍的效果。那一个个时间点，犹如一个个节点，串起了企业日常的营销活动主线。

在新一代网民心中，情人节是和圣诞节并列的"两大圣日"。一般情况下，女人必须刷存在感，男人必须表忠心。在中国，无论什么节，网民都能过成相亲节，商家都能忽悠成购物节。以下是公认的四个在2014年情人节话题营销中大获成功的超级案例。

案例一：百度

这一次，百度结合自家全球最大中文搜索和海量信息可以做大数据的优势，策划了两个话题。

① 当元宵节遭遇情人节，到底陪家人还是佳人？百度指数有各种图表分析；

② 从百度搜索大数据看各地浪漫指数，产品上线了一个百度浪漫指数。

浪漫指数排名

排名	地域	关注度	浪漫指数
1	北京	♥♥♥♥♥♥♥♥♥♥	2982
2	上海	♥♥♥♥♥♥♡♡♡	1896
3	浙江	♥♥♥♥♥♥♡♡♡	1754
4	黑龙江	♥♥♥♥♥♡♡♡♡	1387
5	天津	♥♥♥♥♥♡♡♡♡	1363
6	吉林	♥♥♥♥♡♡♡♡♡	1313
7	河南	♥♥♥♥♡♡♡♡♡	1277
8	辽宁	♥♥♥♥♡♡♡♡♡	1260
9	江苏	♥♥♥♥♡♡♡♡♡	1223
10	山东	♥♥♥♥♡♡♡♡♡	1211

点评

每一次搜索都代表中国网民一次真实的用户需求，透过基于6亿网民的百度大数据，可以准确洞察中国网民对于东方传统节日和西方节日的差异化认知。基于百度大数据的个性化解读，可以得出各个城市的浪漫指数、不同年龄层的心理诉求、消费习惯等。

这个高度搞营销，效果自然好上加好！央视财经频道两档重点栏目《第一时间》和《经济信息联播》纷纷采用百度可视化大数据的方式，播报双节巧遇的情况。这是百度继与央视合作"话说春运"特别节目后，第二次将大数据可视化搬上电视荧幕，高、大、上。

案例二：安利

主题：云服务情人百分百！

玩法：

① 设置爱情问卷，共 8 道题；

② 分享到朋友圈或者分享给好友，号召好友来答题；

③ 好友完成答题后，系统计算缘分百分比，看答题的 TA 有多喜欢你；

④ 好友再分享给好友，吸引更多人。

点评

安利的云服务是针对销售安利产品的营销人员（SR）开的微信服务号。如你所知，SR几乎是安利最重要的营销资源，如果大家都习惯了用微信服务号，对未来极为有利。

下面来看一组惊人的真实数据：上线24小时访问量692223人次，全国用户量超过10000的省市共有11个；以主玩家进入游戏的占62.86%；看到朋友分享后进入的占38.14%；女性玩家占53.3%。传统时代安利、宝洁等快消品公司的营销能力有目共睹，没想到向新媒体转型这么快、效果这么好。

案例三：万达

主题：旷世情侣令。

在每个开业城市送出2支令，内含总统套房、影院包场、万元积分卡、礼宾车接送等价值几十万的豪华礼包，前提是希望你们爱一辈子。

玩法：

① 通过"社交网络+线下实体业态"，广泛传播信息；

② 用户在"万汇"官网、APP参加情侣穿越测试游戏即可报名；

③ 报名情侣（不限于异性恋）到场，全场围观，20:14公证摇号开奖；

④ 信息公布到微博、微信上，情侣用令时全程摄像，进行二次传播。

点评

"旷世情侣，私人定制。一令一世，爱在万达。"口号煽情，奖品给力，形式有趣。万达充分利用了全国连锁商业规模最大、业态最丰富的优势。同时，各地广场还有"人肉接吻优惠券""0元玫瑰花""马上有全套"及大歌星情侣对唱等活动，极大地激发了用户参与欲望。

这应该是情人节中国参与城市最多、奖品力度最大、产生情侣故事最多的一次超级活动。全国79家万达广场同时开奖，现场人头攒动，中奖者喜极而泣。陆琪、留几手等微博最具话题性的大V纷纷点评，在活动城市的微信朋友圈也风靡一时。万达整合利用了无人可比的线下资源、线上新媒体做双线传播，接上了互联网营销的地气，既旺场拉动销售，又带动网站会员猛增，实现了"1+1>2"的效果。

四、话题营销的五大关键点

移动互联网时代，真正的整合营销是融合最接地气的流行元素、通过消费者最方便的沟通介质、使用消费者最喜欢的信息方式、最大限度地利用自身资源、以消费者为中心结合自身业务进行互动沟通的方法。随着微博、微信媒体属性的逐渐增强，话题营销、借势营销成为最高性价比的整合营销方式。对于企业微信来说，需要不断创造有创意的话题和活动，才能源源不断地吸引粉丝的参与。那么，企业怎样才能利用好话题进行借势营销呢？下面具体谈谈利用话题借势营销的五大关键点。

第一，最好的互动形式，是游戏

游戏为王，寓教于乐。其实微信红包本质上就是一种轻应用，每个人都可以用微信红包在自己的人脉关系中进行互动的社交游戏。我们对游戏的理解还远远不够，游戏就是最好、最强、最主动的参与！

第二，阵地选择，"微博+微信"

虽然微信的熟人关系营销，正在逐渐赶超其他社交网络产品，尤其是朋友圈、微信群。但从公开性和话题性来说，微博仍有其不可取代的价值，微博面子大于里子，微信里子大于面子。如果都想要，一起上，不要非得选边站。

第三，必须分享，必须循环

按顿巴数，人类的熟人圈不超过150人。现实中，每个人微博、微信好友数都大大超过这个数字。人际传播是几何效应，几乎每个案例中，都设计了分享给好友以吸引更多人。这就叫来于社交，用于社交。正向循环，满满的正能量。

第四，奖品激励，要有话题性

选择最潮、最酷、最有话题性的内容，譬如小米送红木手机、万达每天送 iPhone5s，就是这个道理。如果企业实力有限，送随身 Wi-Fi 之类也不错。别忘了，用户炫耀晒奖品是多次传播和直接鼓励其他人参与！

第五，学会在"微信+微博"上讲故事

用微信和微博讲故事，不管送花人和收花人之间是恋人、亲人还是朋友，抑或是公司员工的家属等，这些小故事表达的是人间真情，也代表着每一次服务的背后都可能是一次感动。充分利用了微信、微博互动和传播的特点，让更多有自己故事的人能够分享到别人的故事。这种方式一箭双雕，既可以提高微信关注和粉丝的转发率，同时也吸引潜在客户接受新的理念，并且通过互动，将其中一部分转化为口碑传播者。如，某鲜花店值母亲节之际在微信上策划的一次"说出对母亲的祝福……"活动。这条活动的微信被转发了 8000 多次，提供了一个让大家表达出对母亲的爱的机会，粉丝们都在交流与妈妈的感人故事和怎么让妈妈更开心、怎样与妈妈相处等，话题牵动了无数粉丝的情感波动。这样的活动和互动的经典之处在于：系列情感活动，触动粉丝真情。

分析与总结

随着互联网技术、移动端、社交网络、微信等的发展，为新时代的组合营销提供了极其广阔的舞台。整合营销的方法很多，企业还需要在实际的营销过程中不断地总结经验。但是有一点，微信营销切忌无互动、乱互动。互动是让用户感觉到企业微信是个有"灵魂"的平台，所以注重细节往往会把微信营销的效果放大，再结合一些使用的技巧，相信企业的微信营销一定会取得成功。

五、走出微信营销的误区

虽然有不少企业去进行微信营销，但最后获得不错效果的却只是少数。这是由于微信营销目前处于新生阶段，许多企业在没有深入了解微信

的定位以及如何利用微信进行营销的情况下就迫不及待地冲进去想分一杯羹，走进了许多误区，结果什么都没捞到，浪费资金与人力。在这里，为大家分享微信营销容易走进的几个误区。

（1）认为粉丝数量代表一切。

我们都知道粉丝是微信营销的基础，于是许多企业都想尽办法快速增加粉丝，去买粉丝，在短期内粉丝数量急剧上升，可这些粉丝都是没有任何价值的，它仅仅代表一个数字。粉丝的数量与它能产生的价值并不是呈正比关系的，哪怕是真实的粉丝，如果不转化为自己的客户，那也是没有价值的，更何况是这些通过购买得来的虚假粉丝呢。相信许多企业都遇到过这种情况，我们的微信都有几万粉丝了，可是活跃度却非常低，转发与评论也少得可怜；而有些企业才几千粉丝，企业与粉丝之间的互动交流反而很火。所以说，要正确认识微信营销的价值，不能将眼光停留在粉丝的数量上面，要学会挖掘粉丝的价值，只有将粉丝数量转化为自己企业的客户数量才是重中之重。

（2）把微信当成信息发布的平台，缺少与粉丝之间的互动。

许多企业认为只要注册了账号，获得了粉丝，剩下的只要每天发布自己的企业信息就可以了。这种观点完全没有了解微信的特点，微信的一个重要特点就是互动性强。作为企业，更应该利用好这个功能。只有通过与粉丝直接的互动交流才能知道粉丝到底需要什么，了解粉丝对产品的意见与建议，有助于企业对产品与服务进行改进。一个死板的信息发布平台式的微信是无法带动粉丝激情的，多与粉丝互动交流，提高粉丝对企业的好感，也就慢慢地提升了企业品牌的形象。

（3）过分依赖有奖活动。

企业发现通过有奖促销的手段可以获得很好的关注与转发量，因此就频繁地举办各种有奖活动。没错，有奖活动是可以提高粉丝的关注度，可这些粉丝当中有不少是单纯为了奖品而来的，对企业并没有实际的价值。微信营销的本质是将粉丝转化为商业价值，适当的活动是可以为企业带来不错的关注，对品牌的形象也有很好的影响，但如果太过依赖这些有奖活动就没有太大意义了，带来的粉丝只是那些领奖专业户，浪费大量的活动成本。所以，有奖活动只能作为微信营销的一种手段，不能当作唯一的重要手段，学会挖掘粉丝的商业价值才是企业在微信营销中要认真去探索的。

(4) 认为微信营销门槛低，操作容易。

很多企业认为利用微信平台做营销推广太简单了，注册好账号、写好简介，每天发送内容也就结束了。看起来是很简单，那为什么没有给企业带来价值呢？微信的门槛是很低，但可以挖掘的东西却不少，如何写好微信的内容、粉丝的挖掘、粉丝的互动等，这些都是在微信营销中需要考虑的因素。所以企业不要太过自信，要认清微信营销的本质，学会各种微信营销的手段，才能为企业带来商业价值。

目前微信仍处在发展阶段，具有很高的潜力与营销价值。企业在利用微信做营销的时候要认清其本质，不要走入误区，多做探索，去发掘更多的微信营销方法与技巧。

第五节　微信营销实操——组织和培养粉丝

对于企业来说，你的目标客户是谁，他们有什么需求？而他们的诸多需求中，哪些是你可以提供的、哪些是你最擅长的？客户要什么就给什么，不管自己擅长与否，是错误的。自己有什么就提供什么，不管客户需要与否，也是错误的。对于个人与企业来说，你希望吸引的目标读者是谁，能为他们提供好的内容吗？你需要到微信上，看看那些和你同类的、受欢迎的公众账号以及他们发布的内容，深入研究他们为什么会受欢迎，从内容到写作格式，再到发布规律。最好的营销导师就是消费者。这句话永远不会错。

一、如何将粉丝组织起来

想要做好微信营销，首先要了解微信营销的目标。实质上微信营销的目标就是挖掘客户，这里面有两层含义：一个是购买我们的产品或者服务，成为我们的用户；再有就是通过互动成为我们的朋友，经常热心为品牌做推广。企业在微信上发现潜在客户群以后，并不等于已经拥有了他们。从发现到拥有还需要一个重要的环节，那就是如何将微信上的粉丝组织起来。

（1）迅速成为好友。

在微信上，如果发现有用户或粉丝在谈论企业相关的内容时，要像做功课一样马上加关注，让对方成为你的好友。

（2）及时表示友好。

一定要及时感谢那些一直在关注你的人，以及给你提出各种建议的人，并对他们的谈论给予肯定的评价，给他们一个礼貌的答复，告诉他们，你对他们的关注深表谢意，同时还要鼓励他们的这种行为。在语言的表达上要尽量让对方感觉你的诚恳和真诚，这样会让微信上的谈论者感觉到自己受到尊重、不同寻常，让他们感受到备受重视与认可，有一家人的感觉。这样一个小小的举动激发出来的口碑常常会让你大吃一惊，这是激发粉丝热情的重要条件。

（3）及时解决问题。

在微信上要不怕寻找那些对你的产品和服务有意见、有怨言的人，要通过恰当的方式及时回复他们的各种问题，消除他们的疑虑与不满，这也是增加粉丝或客户黏性的有效办法。其实大多数在微信上有抱怨的客户，他们是希望得到你的关注与重视。最怕的是你的客户在微信上不断谈论你的产品或服务中存在的各种问题时，你却视而不见、无动于衷。如果你及时处理问题，方法得当，让他们满意，这样的行为可能很快就会成为故事被广泛传播。

（4）粉丝分类管理。

只要你活跃在微信上，每天就会有不同数量的粉丝关注你，这个时候如果不将这些粉丝进行分类，很难有效地和他们长期保持交流互动。我们可以将购买企业产品的客户分在企业用户组里，可以将咨询过企业各种有关产品或服务问题的粉丝分在潜在用户组里，将比较活跃的粉丝分在活跃粉丝组里，还可以把经常参加你组织的各种话题活动的粉丝分在活动组里。分组以后，你就可以根据不同粉丝的性质做有针对性的互动管理。

（5）参与互动讨论。

假设你是做化妆品的，而微信上可能有大量谈论这类产品的用户，他们并不是在谈论和你的品牌有关的内容，而是单纯谈论这类产品，你的方法就是参与这样的对话，展示你在这个领域的专业知识和水平，做一个积极的贡献者。谈论者会因为有懂行的人参与而兴奋不已，他们会很快成为你的粉丝，加入你组建的社群。需要注意的是，不要把这样的场合看成是做广告的机会，稍不留神就会起反作用。

（6）开放产品体验。

对于服装、汽车、化妆品、特色小食品、家居产品等生产企业，在微信上发放新产品体验，也是有效吸引粉丝的方法，可以吸引大批受众成为粉丝。很多的企业常用的技巧和吸引粉丝的方式如下：

免费：关注即有机会赢取 iPhone6！

简单：扫一扫，即可领取礼品一份！

公开：通过微信预订即可享受八八折！

有意思：有奖猜谜活动开始啦！

可累积：亲爱的会员，您的积分可以兑换礼品啦！

易兑现：凭微信会员卡即可领取！

促转发：分享到朋友圈即可领取礼品一份！

开放产品体验，一定要有一种超级诱惑的感觉，这样才会有更多的用户参与。

（7）策划创意活动。

对于企业微信来说，需要不断策划有创意的话题和活动，才能源源不断地吸引更多的粉丝参与。这种创意活动需要一个团队经常碰撞，通过头脑风暴才能不断产生。例如，2014年4月嘀嘀打车携手百丽旗下优购时尚商城，派发千万礼品卡的活动，4月8日，用户使用嘀嘀打车成功叫车，即可获得优购时尚商城提供的40元现金礼品卡。

嘀嘀打车联手优购商城发起的活动，首先让人眼前一亮，打车软件业竟然可以与百货、商城业有创新的连接点，很多粉丝抱着好奇的想法参与了此次活动，而这次的活动也因此成功吸引了几千个粉丝。

二、粉丝经济催生的自营销

在互联网没有普及之前，营销是一个系统化的工程，要达成有效的销售需要广告、渠道、客服、定价、销售、公关等一系列专业的协同。现在只需要有足够的粉丝，所有工作都可以通过网络平台来实现，甚至只需要一个人。用户在社会化媒体中能够获取关系、声誉和权益，随着交互时间的增加，收益不断递增。

借助于互联网，每个人都有成为名人的机会，每个人都能拥有自己的粉丝，当粉丝数量积累到一定程度时，量变就能转化为质变，围绕粉丝互动甚至可以搭建一套闭环营销系统。这背后的推动力就是粉丝经济。在粉丝经济时代，谁拥有更多的粉丝数量，谁就占据更大的市场份额；谁的粉丝越忠诚，谁的产品存活时间就越长，品牌就越有发展动力。

粉丝经济增加用户对商业的黏着性

提到粉丝经济就需要关注两个点：一个是明星，一个是粉丝。这里的明星并非传统意义上荧幕的宠儿，而是在网络平台上拥有自己的众多忠诚关注者的网民，他们可以是影视明星，也可以是某个行业或领域内有突出表现能力的个人或者机构。他们的网络影响力就来自众多的关注者。粉丝经济就是明星个人品牌的一种品牌延展。明星贩卖的不只是产品本身，更重要的是互动精神，明星不是独立存在的，而是依托于粉丝，粉丝通过与明星的互动也获得了一种精神体验，这是一种非物质化的精神消费，也是粉丝经济赖以生存的基石。

三、黏住微信粉丝的必杀技

想要借助于微信实现传播与销售，粉丝无论是对于个人还是企业来说都是很重要的，那么对于粉丝，应该怎样去增加数量，如何进行维护，在增加粉丝的同时还有哪些值得注意的地方呢？

粉丝数量很重要

在微信中对某一微信公众账号持续关注的一类群体我们称为微信粉丝。这些粉丝会在微信账号发表新内容的第一时间对其言论进行关注，同时对于自己感兴趣的还会进行转发，将其消息内容传播到更大的范围，进而是微信公众账号的影响力逐步扩大，因此粉丝的数量就代表了传播的力量、转发的条数，也是微信公众账号价值最大化的表现。

在微信上，如今有的企业及名人、明星微信公众账号粉丝会有上百万，知名企业的粉丝也会上万，而中小企业在争取粉丝数量上则显得比较困难。所以很多企业微信开始重视粉丝数量、粉丝增长。与现实不同的是，在微信上，粉丝不是看热闹，他们有评论的权利、转发的权利、推荐的权利，其中很多人会成为企业的朋友。对做快消产品的、做时尚产品的、做规模化产品的这样一类企业来说，拥有粉丝的数量是至关重要的。

如何增加粉丝数量

粉丝的数量对于每个企业来说都是可望而不可即的，特别是刚开通微信公众账号的企业更是如此。增加微信粉丝的方法其实有很多，下面就从个人和企业两方面简单介绍如何增加粉丝数量。

四、个人微信如何增加粉丝数量

方法一

在注册微信时，首先要明白你准备做什么，做好定位。例如，是心情表达、是专业知识、还是企业推广等，之后的标签、简介、活动、内容等都要围绕这个核心来做，把关心你微信主题的人气带起来。

方法二

微信的个人资料一定要完整，要用开诚布公的心态来做微信，只有对别人真诚，别人才会愿意看你发的内容。例如，微信的名称是生活购物常识，要做的就是生活中购物的一些知识推广，首先"购物"带出了关键词，让对这个主题感兴趣的粉丝可以第一眼看到，"常识"是为了增强权威性，给人感觉不是一个不专业的人在运作，而是专业人士在做，其权威性大大提高。

方法三

在设置标签时要注意,你定位的关键词要有,相关的也要有,例如,微信公众账号中可以直接搜索到购物、时尚、生活、体验等,人们自然会搜到兴趣相同的粉丝。

方法四

微信头像一定要够醒目、有个性,让人一眼就能认出你,不要淹没在人海里。个人介绍是微信粉丝在关注你后,有没有兴趣继续关注并成为你真正粉丝的关键因素。例如,个人在介绍中注明个人的资历、学历、业余兼职、学术水平等,以及获得的奖项,这样就会极大地提高可信度。

方法五

做一个好的内容定位及图文编辑设计。可以自己设计,也可以找一个好图片,或者在网上搜索。需要注意的是,你的图片和你的文字内容所要表达的意思要搭配。反之,则有文不对题、不专业等问题。

方法六

发布的内容好坏也是增加粉丝的途径之一。要写出吸引人的东西,比如我们可以发布一些个人感兴趣的话题,自己的见解、突发灵感、旅游风光等,发表的语言要尽可能风趣幽默,如果配上相应的图片,则更容易引起大家的注意。

方法七

主动和粉丝进行互动,要经常主动出击参与一些热门话题的讨论并发言。这也是增加粉丝的途径之一。参与的讨论既可以在关注的粉丝中进行,也可以通过搜索关键字的公众账号找到大家正在讨论的话题参与讨论。只要你表现得足够出色,就很容易受到大家的关注。

五、企业微信如何增加粉丝数量

企业微信增加粉丝数量的方法和个人的方法差不多,也需要将企业微信的公众账号资料填写得丰富,有吸引力。有关企业的介绍要详细明了,不需要长篇大论,突出主题就好。其实,企业微信在建立自定义菜单之前,首先要做一个定位。如果只是想随便发布一些企业琐事,那就直接不

用考虑以增加粉丝数量为主了。

所谓的定位，就是微信公众账号运营的方向，是将微信公众平台作为企业宣传的渠道还是产品销售、客户服务的工具，然后结合自己企业的特点来做出选择，找到最适合表达、传递企业内容的定位。切记，定位是基础。定位做得好，可以很好地化解来自竞争对手的压力，可以契合企业的资源优势，同时更能收到客户的积极反馈，必定使后面的推广、加粉事半功倍。

（1）从公司内部做起。

企业微信增加粉丝的方法有很多，可以先从公司内部做起，让企业内部的员工开通自己的微信账号，然后关注企业的官方账号；也可以通过邀请你身边感兴趣的朋友成为粉丝，把企业的微信官方账号放到企业的网站上，让感兴趣的客户主动收听，以便了解最新信息。当然公司的微信账号发布的内容要真实，比如公司产品的质量保证、投诉建议、售后服务等。

（2）软文推广你的微信账号。

什么是软文？含有隐性软广告的文章就是软文。如何发软文才能达到最大的价值？将文章发到它最受关注的地方去。比如你应该特别留意粉丝关注的话题、反馈的意见，及时做出正确的回应；挖掘粉丝关注的点，从而借助于事件营销或者话题营销来进行软文的创作，通过软文来策划活动、发起活动、有奖征集等。

（3）其他的方法。

微信上与粉丝互动和吸引粉丝进行互动的方法还有很多种，比如提问和回答、解释和说明、发起话题讨论、征集意见、发起投票、共同参与、有奖竞答等，只要善于使用各种互动技巧，同时细心收集、听取反馈意见，不仅可以留住粉丝，还可能吸引更多的粉丝关注。下面以2014年3月12日万科如何用微信玩转植树节为例。

"拿出手机，点个赞，公园会以你的名义种下一棵树！"——听起来是不是很酷炫？

植树节，除了挽起袖子植树，还能做什么？

2014年3月合肥万科发起微信公益游戏类互动——"你点一个赞，我种一棵树"，让社会环保话题、社交媒体营销、开发商公益营销完美整合。

同时为合肥万科重点项目——万科·森林公园3月15日的开盘,做足了噱头。

合肥万科开发微信互动游戏,让用户轻松参与公益活动;同时借助微信的强社交关系进行快速扩散,让植树节最大广度地延伸到人群中去。线上与线下、游戏与公益、雾霾与蓝天,这些关键词无疑成为本次营销活动的最大刺激点。

活动一经推出,就获得网友热情参与。一位网友留言称:"大家赶紧点啊!让万科种出一片森林来!"

活动期间,万科组织环保志愿者走上街头,打出"要蓝天,不要雾霾"的环保公益口号,一边向市民普及雾霾的危害及防治措施等知识;一

边号召市民扫二维码进入活动页面,为城市美好点赞!

看万科此次发起活动采用的方式,最终获得成功的点。

① 利用线上互动游戏,以公益调动大家社交热情;

② 线下活动配合,环保就在身边,号召大家积极参与;

③ 兑现承诺,为合肥建一座森林公园!引起大家对于环境的重视;同时聚集爱心,让每个人都可以成为为社会尽一份力量的公益人士,引起共鸣。

随着微信被越来越多的人接受,很多商家已经开始把"营销战场"转移到了这新兴的平台上。在微信公众账号中已经有上千家的企业开创了自己的微信平台,在这里商家们可以和粉丝及时互动,拉近与消费者之间的距离。而随着粉丝量的增加,影响力也在逐步提升,这让商家们对微信这个平台有了更多的思考。

不仅仅是商家,济南动物园应广大市民的要求,也使用二维码说明牌让动物园里面的139种动物有了自己的"简历"及"身份证"。据悉,这些二维码说明牌已经正式上岗工作,在动物说明牌上能看到它们的身影。游客朋友们可以通过手机微信扫描动物二维码了解动物知识,包括动物的名称、外形特征、分布范围、栖息环境等。还可以将二维码带回家,将动物二维码的照片拍到手机上,这样即使回到家中也可以随时随地了解动物知识。方便了广大游客对动物知识的渴望。

所以微信营销能不能出彩就要看活动如何策划了，企业也要根据自身的情况想办法让粉丝制造粉丝、粉丝宣传粉丝、粉丝推荐粉丝，这才是微信营销及活动策划的根本。不管是内容还是功能，我们都要围绕这个根本去做。一个企业微信运营是否成功，就要看粉丝对他的依赖性有多强。那么，如何让粉丝对我们产生依赖，掌握核心运营的十大准则是基础。

六、让粉丝产生依赖的十大准则

（1）粉丝精准是基础。

在微信营销领域有这样一句话："一切以粉丝数量为指标的营销行为都是耍流氓"。因为大家都知道，粉丝是可以花钱购买的，那些买来的"僵尸粉"对企业而言完全没有作用，只是一个数字而已。增加粉丝数量是每一个公众账号运营的重要任务，粉丝数量的增加是每个企业所必需的。什么样的粉丝精准度最高呢？我们不能盲目地增加粉丝，粉丝一定要精准有效。如何才能让粉丝尽可能有效呢？

微信营销领域还有一句话："一千个微信粉丝大于十万个微博粉丝"。这就是微信粉丝的质量。因为微信最大的特点来自信任性和私密性，所以做微信营销，一定不要泛泛地去追求粉丝而要以精确性为核心。

举一个例子，一个四川做餐饮的客户，他的目标粉丝就是周边五公里的居民，首先他的公众账号里面除了有饭店介绍、菜色介绍、每个菜的营养构成、天气预报等功能和微信订餐之外，每天还更新他附近的一些新闻、家长里短。在推广上是充分利用自己门店的优势，在桌子和大门上都有企业的二维码，开展微信好友九折优惠的服务活动，同时还设计了几个微信套餐，客人去他店里消费，只要将他们店的微信公众账号推荐给自己所有的好友，就可以任选其中一份微信套餐免费食用。

这样一来，他的粉丝虽说不是很多，但个个都非常精确，基本上能确定其中80%的人经常去他店里消费，而且新客人天天都在稳定增加。

他就是典型的不用软件、不用传统广告，充分利用微信公众平台营销的代表，本来给自己定位为小店老板的他现在已着手开第三家分店。

看了这个例子大家就明白了，我们做微信不追求数量，就是要质量！粉丝的精准度上去了，再配合经营思考，生意想不好都不行。

（2）内容丰富是关键。

说到内容的时候，很多读者都会微微皱一下眉头，"我的公众平台放什么内容呢？"

我们先不想在微信中放什么内容，先要想微信能展示哪些内容。微信上可以用图文信息、视频、语音去展示内容，但作为企业而言一定要考虑我们的展示要好于这种现成的方式，比如大部分的企业在微信内容展示方面都要求以HTML5化的方式完成，因为这样一来，企业微信公众账号的展示页面将多层次、多角度，页面绚丽自由，再配合诸多实用性和个性定制的功能，企业就彻底告别WAP和APP了。

那么微信能如此展示，内容方面就简单了，企业只要把自己想展示所有东西陈列出来，再根据从后台反映出的粉丝接收信息的情况不断调整就可以了，总之是越丰富越好，微信在移动互联网端没有不能实现的事，只要你敢想！

（3）功能全面要必备。

每一个企业的微信公众账号都是这个企业的全能APP，能维护客户、能培养客户、能品牌展示、能促进销售、能市场调研、能干你能在移动互联网端想到的所有事情，所以企业要在微信上实现营销的最大价值化，除了要内容上丰富多彩，功能上要更全面！

对于一个大品牌企业而言在功能的选择上非常广，唯一要做的就是个性化定制，比如招商银行的余额查询，星巴克的自然醒，都是针对自己企业和目标人群的特点。

而对于大多数企业而言就要根据自身需求定制了。一般来说，一个企业的微信公众平台可以先从有天气预报、翻译、查股票等功能出发，不断地根据粉丝的需求增加平台账号的功能，使其不断全面、完善。

（4）互动频繁是要点。

说一千道一万，我们做丰富的内容、全面的功能，终极目的是什么呢？就是要让我们的粉丝乐于去分享我们的微信公众平台账号！并且值得去分享我们的微信公众平台账号！

如果我们的企业就是个广告宣传平台，粉丝都会避犹不及更何况去分享，所以我们要从内容和功能上让他感觉我们非常有用，非常值得他们去分享给他们自己的朋友。

那么我们的微信公众平台建好了，而且做得非常好，如何让粉丝主动去分享呢？首先就是要频繁和粉丝互动，互动率越高越好，越"有用"越好！

我们在互动上可以设置话题，比如春节讨论微信红包，三八节讨论女生放假，但是这些手段太过普通，我们在互动环节上可以和功能结合起来，比如艺龙网做的"一站到底"的互动游戏，线下、线上相结合的"摇一摇"互动游戏。就是非常不错的创意和开发。

还有一点，和粉丝互动一定要越简单越好，越容易参与越好，总之在不知什么互动最有用的情况下，越频繁越好！

（5）活动引流重环节。

策划活动的最直接目的是提升粉丝与平台的互动性，也就是为了提高粉丝对于企业微信公众平台的依赖性！

我们将粉丝吸引到我们的平台上来，不能代表这些粉丝全部都是我们的潜在客户，他们究竟有哪些更为具体的需求，他们对我们的产品和服务究竟有哪些意见和看法，如果不与粉丝们进行沟通和互动，我们根本就不知道。如果我们提供的服务或信息长时间与用户的需求背道而驰，这些粉丝们要么慢慢变为僵尸粉丝，要么干脆流失掉。

所以，我们一定要定期策划一些有心意的活动，促成与粉丝的互动，让我们的粉丝"长期有效"。要策划活动，就要展开分析：我们的目标人群是什么样的？他们最需要什么？他们最容易被什么内容吸引？

这样策划一两场活动也有助于把我们的目标人群吸引到我们的公众平台上来。

（6）推广要动脑。

企业如何推广微信公众账号？这是很多读者共同面对的问题。一句话：要动脑！首先，让老客户成为我们的粉丝。老客户是企业最为重要的资产之一，老客户不仅对我们的企业和产品有一定的认知度和认可度，而且还有一定的忠诚度。竞争的激烈让企业不得不倚重于老客户，而且从营销学上来讲，深挖一个老客户比新开发一个新客户所需要的成本要小很多。相对于其他媒体而言，微信的最大优势就是能让我们与我们的客户零距离接触和一对一沟通，非常有利于我们为客户提供各种服务，尤其是老客户的维护。所以我们在运营公众账号时，首先应该想办法通过各种方式和渠道将我们的老客户转移到我们的公众平台上来。

微信营销带给企业最大的好处就是对于老客户的维护！所以企业在做微信营销时，首先想一想自己的老客户们是不是都成为自己的粉丝了。

然后就是让这些成为粉丝的老客户来推广我们的微信公众平台，根据微信官方的统计，平均每个人的微信好友都不低于50个，而且因为微信的私密性使彼此信任度非常高，让这些本来就是我们客户的人把我们推荐给他们的好友，这里面的转换率可想而知。

还有，要有选择性地瞄准新用户。每个行业都有自己的目标客户群体，并不是所有人都需要我们的产品或服务，或者说并不是我们的产品或服务适合所有人。所以，我们在推广自己的公众账号之前一定要弄清楚我们的目标用户到底是谁，他们到底在哪里，推广时要做到有的放矢，不要像传统的路牌广告一样，"撒胡椒面"。

以前企业投放传统广告时已经考虑过目标客户，只不过考虑的是如何让目标人记住我们的广告，但是这些人看过后也许能记住也许就忘记了。现在我们考虑的是让目标人扫一扫我们的二维码或者关注我们的微信公众账号，这样"他"就被我们"圈"住了，永远不会忘记，而且可以对他进行深入的营销，让他依赖我们！

所以企业微信公众账号的推广是一件非常动脑的事情，充分挖掘现有资源的同时让粉丝推广给"粉丝"，让企业微信公众平台的作用稳定而有效增长！

（7）运营计划是根本。

运营微信公众账号一定要有周密的计划性，绝对不能盲目！因为企业微信公众账号既代表了企业的品牌形象，又有时效性效果，而且可以不断提高品牌的影响力！

计划性大体包括：建设、搭建、阶段性目标策划与执行。微信公众平台的建设和搭建是不一样的。

建设是指对于平台名称、账号介绍、二维码的设计、账号认证等基础环节的完善，这是粉丝和客户看到我们的第一印象，所以这些看似简单的环节非常重要。

搭建就是关于内容和功能的搭建，阶段性目标策划与执行就是我们要给自己做节点，一般来说企业可以根据自身情况设置阶段性节点，比如第一步老客户是不是都关注，第二步我们的推广和活动要以什么为主，以此类推，做到运营有的放矢！

（8）客服引导要及时。

从传统营销模式中走来，我们习惯了很多传统的客服模式，比如一定要问需求啊，一定要问联系方式啊，一定要显得专业规范啊，等等，而在微信时代，客服的要求改变了。

以医疗行业为例，当有患者从微信公众平台咨询我们的时候，他的路径我们是很清楚的，从他的路径上我们完全可以看出他的需求是什么，所以我们的沟通就不用客套，直接根据需求展开就可以了；微信本身就是友情性和私密性的个人沟通工具，和手机等联系方式有一样的作用，所以不需要再追着对方要联系方式了；而微信营销最大的优势就是私密性，患者咨询你的时候，你的回答一定是"我和你"的关系，这样才能把私密性的特点发挥到最大，我们是朋友、是哥们，我可以给你一些帮助，这才是微信营销客服的形象！也是对微信营销客服的要求。

就像淘宝上的客服喜欢说"亲"如何如何，微信上的客服应该喜欢说"咱"或者"你"如何如何，让彼此的距离感越小越好！

（9）重点维护即时有。

每一个微信粉丝都是企业重要的财富，只要他们愿意，每个粉丝都可以很轻松地把企业的微信公众账号推荐给自己所有朋友，这些粉丝的精确度和转换率高的无法想象,所以我们做微信营销时,不管是做内容还是做功能都是要从维护粉丝的角度出发!我们可以通过备注、分组、标星等各种形式让我们知道每一个粉丝的需求和营销重点,所以对于企业而言,维护粉丝、维护客户是微信营销的重中之重!

(10) 促成销售是结果。

做微信营销见效很慢,粉丝沉淀就要花很多时间,通常需要3至6个月沉淀期,才能收到一些效果和利润,最重要的就是一直坚持下去。

挖掘转化:微信→QQ→手机号→成交→持续成交。

关系深化:陌生人→网友→朋友→成交→持续成交。

微信营销除了传播效果外,要更加重视最终成交效果,成交效果才是硬道理,也能反映出传播效果的价值。

按照准则运营起码能确保100%有效果,至于效果如何,还需要根据具体行业具体分析。微信适用很多行业,不同的行业在运营微信公众账号时多少会有一些行业性的差异,但它们之间总有一些共同性,也就是它们运营公众账号时的运营方式都可以借鉴。

七、吸引粉丝关注的八个操作步骤

第一步:好看的二维码

二维码是企业进行微信营销的重要环节,尤其是在线下推广方面。企业应该力求做到自己的二维码要好看、要有个性,要能诱惑人拿出手机去扫一扫。而且我们在设计企业微信营销的二维码时,会尽量把企业的名称、主打产品的名称、企业Logo等企业信息在二维码上体现出来,这样对于传播有积极的帮助作用。

第二步:确定给粉丝的福利与创意

需要给粉丝实实在在的福利,并且用一种创意方式给客户。比如"一元赌不赌"的方式。

第三步:线下整合能放的地方都放

很多企业已经开始重视微信营销,他们在传统的报纸、电视、公交站牌等

广告上都放上了自己的微信二维码和微信账号域名,起到了非常好的效果。

随着微信闭环的完成,企业已经意识到微信上可以完成从市场调研、品牌传播、客户维护、客服咨询、产品销售、售后跟踪等所有工作,宣传自身的微信公众账号,把目标人群吸引到自身的微信公众平台上,就可以完成所有工作了。我们有理由相信在未来企业的广告宣传端口,一定都会把自己的微信公众平台放到最显眼的位置。

第四步:分工协作与时间规划

确认奖励物品准备及发放规则。当活动执行时,会面临海量咨询,所以需要有专业客服值守公众平台。在活动开始前后,需要预热和收尾。

第五步:图文制作

做微信营销要重视细节。微信的内容,选择合适的图片很重要,经常在和自己相关的微博里获取一些行业的图片。做微信营销的图文就等于在做一本行业精刊,关键是内容的质量。高质量的内容会得到众多人的分享,会形成病毒营销。

第六步:执行

微信营销没有任何营销秘诀,拼的是投入和执行力,不想投入就想获取大量粉丝是不可能的,不要只盯着3个月获取90万粉丝的案例,先想想他们投入了多少资金,投入了多少人力,如果你不想投入太多资金,你可以选择投入时间,再加上执行力到位,你的目标一样可以实现。

第七步:取得信任

微信的认证对提升企业的信任度很重要,所以要想尽一切方法早一点通过微信认证。微信认证的条件是:500的粉丝量和一个微博认证。因为它不像微博可以吸引大量的人转发和评论,它只有通过与顾客的沟通来取得顾客的信任。

第八步:售后跟进

不要忙于每天推送大量的内容给潜在顾客,要创造可以跟粉丝沟通的话题,你要知道所有价值都来自沟通,推送再好的内容,不如和粉丝认真细致的沟通一次。

想和粉丝创造更多的沟通机会,就要问粉丝更多的问题。问一问粉丝喜欢什么时间接收内容,希望粉丝多提意见等。

八、如何挖掘粉丝的价值

(1) 如何增强和粉丝的互动?每次发的内容,转发的评论总是寥寥无几怎么办?

在粉丝互动中体现微信营销的价值。互动才会有交流,才可以了解用户,才可以传递品牌,互动中彼此成为"朋友",建立关系,产生口碑营销,这就是社会化营销,而且是一对多的互动,所以它的传播效果也是几何式的。微信营销的互动性一般来说有粉丝评论转发、新的粉丝关注微信账号。如何增强与粉丝之间的互动,可以采取以下方式:

① 微信内容。粉丝评论转发你的信息,肯定是因为你发的信息有价值。所以符合粉丝胃口的、有价值的内容是吸引粉丝互动的重要前提。这也是一直强调的内容为王。

② 评论转发。这里的评论转发是指企业微信主动回复或转发用户的留言或相关信息,并就粉丝关注的问题给予及时和正面的回答,并将大多数粉丝所关注的内容进行适当的推送。

③ 活动互动。定期在微信平台上发起一些趣味性的互动活动,可以有奖品激励,比如有奖转发、限时抢购、有奖投票等。

那么,面对已经关注我们的粉丝,我们应该如何让这些粉丝产生价值,提高转化率呢?让我们来关注下面的内容。

(2) 微信的粉丝达到多少才会看到价值,才会产生效果。

微信营销,粉丝很重要,不管粉丝多少,挖掘粉丝的价值才是最重要的。但是你会挖吗?你挖来了订单还是增加了用户的满意度或者倾听了用户的声音改进了服务。有人常常觉得粉丝不超过多少万就没什么价值,这是错误的。哪怕只有一个粉丝,它都有可能为你产生价值,所以微信营销先要从观念上改变,时刻要记得我们是在微信这个渠道上做营销,营销就是要挖掘用户价值。所以粉丝数量并不是产生价值的唯一决定条件,关键是思路。

① 如何产生订单。引导用户购买自己的产品，成为自己的客户很重要。这也是很多企业最期望的，可是你是否已经做好了？目前常用的几种方式有：1号店内容夹带产品信息及链接，唯品会、凡客都这样做，这个确实有效果，但是对文案要求较高；微信会员专享价促销，通过特殊跟踪链接引导微信用户购买；折扣券发放，刮刮卡、大转盘等抽奖的模式，引导粉丝进行促销式消费也会产生相当不错的销售额。企业微信主要是结合自身的情况找到最合适的方式进行。

② 如何传播品牌。在日常信息中植入与品牌相关的信息或直接介绍品牌都是很好的形式。笔者曾做过调查，粉丝希望在微信中增加优惠动态、新品上架以及相关的资讯信息。这一点凡客和杜蕾斯做得比较好，成为内容营销。再就是通过优质的内容让用户转发你的信息，每转发一次就增加一次企业的曝光率。

③ 如何管理客户关系。与用户的日常互动你有吗？对于用户的咨询和建议你是否及时回复并表示感谢过？对于用户的投诉你是否真正地重视和解决过？微信营销团队每天必须回复或转发多少条用户评论，对于用户的建议和咨询及时回复并表示感谢，甚至予以物质奖励，对于用户的投诉必须当天解决，严重恶劣的投诉务必亲自电话联系解决。特别是想做口碑、做品牌的企业，微信的客户关系管理是很重要的。因为它决定了新粉丝的数量和潜在客户的转化。

微信营销切忌无互动、乱互动。互动是让用户感觉到企业微信是个有生命力的工具。总的来说，微信营销的价值毋庸置疑，可是如何利用好粉丝，挖掘出他们的价值，这就是微信营销的价值。不要说微信营销还没有产生价值，那时因为你根本不了解其中的真实情况，等到大家都看到企业通过微信大把赚钱的时候，你已经错过最佳的机会了。从现在开始要学会挖掘粉丝的价值，相信粉丝越多微信价值会越大，但并不是说非要达到多少粉丝微信才会产生价值。

企业应该将微信作为品牌的根据地，要吸引更多人成为关注你的普通粉丝，再通过内容和沟通将普通粉丝转化为忠实粉丝，当粉丝认可品牌、建立信任，他自然会成为你的客户或者说是用户。

第六节　个人微信运营攻略

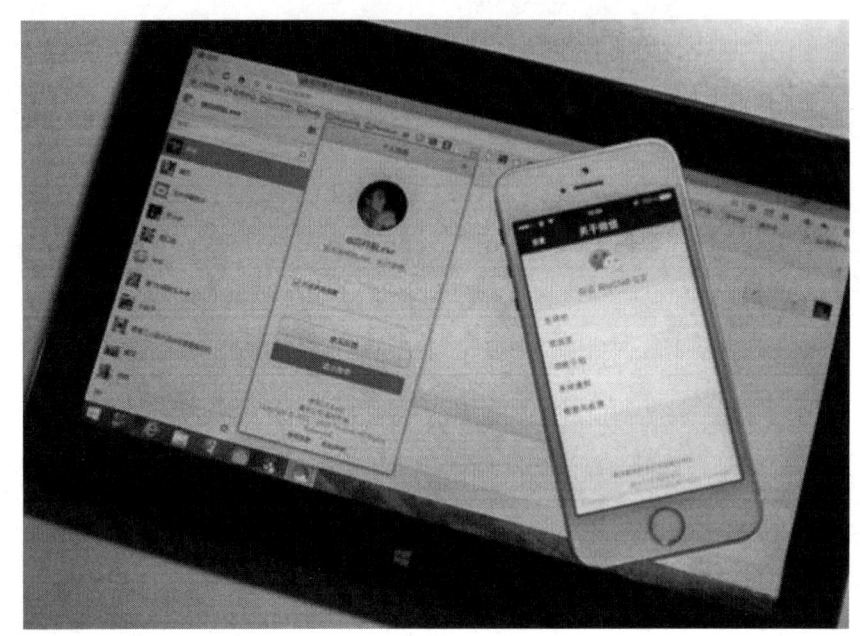

5年前是开心网和人人网，3年前是新浪微博，如今微信成为大家最热衷晒生活的场所。可你慢慢发现，一些"好友"突然天天晒起了高仿的奢侈品包、从国外买来的护肤品、推送新款衣服和美食，微信营销以"晒"的名义悄然渗透到你的私生活里。

越来越多的大商家和小卖家正抢占着这片热土，微信营销风生水起，大有赶超微博之势。

一、微信营销怎样才不"消费"友情？

有一家蛋糕店的老板，开始利用业余时间在微信上做起了甜品代购，第一周就卖出了14个蛋糕。"微博谁都能看到，像个广场，路过的人很多，却不一定会为你停留。而微信更加私密，像你家客厅，来的都是熟人，推荐产品成功率更高。"

"你只要输入关键字,就会立马回馈信息给你,像朋友之间的对话一样。"

从微博转到微信,商家纷纷试水,看中的就是这种人情味

敏锐的商家发现,微博上发送一条商品优惠,往往就淹没在信息的海洋里,粉丝们未必能看见,但是通过微信,可以让每个粉丝都能接收到。从2014年开始,常州很多商场的品牌都在店面显眼的位置写上:扫本店微信二维码,享受××优惠。

"扫微信二维码就等于订阅了我们的账号,拿着手机打开微信,就能到门店享受优惠啦。"某甜品品牌的工作人员说,来店面买甜品的顾客大多会主动扫二维码,几个月下来积攒了几千名粉丝,如果没有微信,商家很难跟踪到这么多顾客。

但是,如果个人想在朋友圈销售商品而又担心被冠以"消费"友情的帽子,被取消关注或被拉黑而犹豫苦恼时,那么,另外一个扩大你宣传的方式就是建立微群。

微群是什么呢?它能够聚合有相同爱好的朋友们,让志趣相投的朋友们以群的形式更加方便地进行互动和交流。每一个微群都由一些成员组成,成员可以在群里发表个人的看法和评论。微信的每一位注册用户都有权限创建新的微群或者加入已创建的微群中。类似于一个论坛群组加上群聊的平台。2014年7月最新升级的微信群则让一直遭遇微信群用户限制的微友们迎来了好消息,微信群已升级大群权限,当群人数满100人时,群主可继续邀请朋友进群。

(1)群主可以升级百人群。当群人数满100人时,群创建者本人可继续邀请朋友加入进来,邀请的人数将允许超过100人。群人数的上限是多少,由群建设者设定。

(2)被邀请入群的微信好友将收到邀请通知,同意后才会加入被邀请的大群。同时,邀请消息中会提示邀请人的微信好友信息也在群聊中,供被邀请者参考是否要加入群聊。

(3)被邀请进入超过100人的微信群的微信好友必须是已开通微信支付的用户。

小提示:这一次也针对群二维码的有效期进行了调整,二维码扫描在一定时期后会失效；并且超过 100 人时，将无法继续通过扫描二维码的方式邀请新人加入。

二、微信群特性分析

微信群与 QQ 群区别

微信群更私密，群的概念更内敛，更多的是一些好朋友，形成人脉圈效应；而 QQ 群更公开，成员上限更多，成员也是带有某种目的而聚在一起，例如大学班级群、俱乐部群。微信群更有归属感，群内发布的内容要更有价值。

（1）QQ 群，承载了所有的 PC 端互动，其结果也是建立关系，但效果不理想。即使是群主非常敬业，即使手机 QQ 也是移动，但由于 QQ 从 PC 端产生的强大陈旧关系管理上的包袱，让 QQ 无法单纯以社交产品即社交关系来起步，而是网络关系的延续。而网络关系与移动互联网的社交关系相比，在占领用户时间上输给了手机。

（2）微信群的传播形式丰富（文字、图文、语音、视频、位置、名片、第三方应用等），比 QQ 群更具移动互联网的创新和有效性，好用、快用、操作简单。

微信群营销的定义

微信群营销，就是借助一个平台用户基数大、用户活跃度高的特点进行的包括品牌推广、活动策划、个人形象包装、产品宣传等一系列的营销活动。

微信群营销的分类

微信群营销的分类并不复杂，大致分为两类：一种是微信群自身的运营。什么是自身运营呢？就是企业、个人自己建立微信群，并对微信群进行运营；另一种是借助微信群进行的营销活动，实际上这种类型就是以企业为主，借助外部热门微信群，在微信平台内进行品牌推广、产品宣传等活动。

三、微信群营销方法和注意事项

（1）培养信任最好的方法是打造自己的品牌。

微信好友，不管之前彼此认识或者不认识，能加你为好友，肯定是对你本人比较认可，或者想和你成为朋友。但是，也许他们并不了解你的为人，这个时候，就要想办法让人知道微信背后是怎样一个活生生的人。所以，在你的微信中，不应该只是产品的宣传内容，还应该包含个人生活、生活感悟、其他分享，当然，分享的东西要是积极、正面、正能量的东西。

（2）用心交朋友，而不是用心发广告。

你要做的是付出，而不是单纯的索取。这就像你买东西，一手交钱一手交货，只不过这是一个无形资产的交换。你在微信群贡献价值，顺便让大家明白你是做什么的，当大家了解到你是一个怎样的人时，就对你产生了好感。这个时候，当大家有需要的时候，自然会主动找上你。

（3）在朋友圈分享的内容，一定要是对别人有价值的内容。

如果你卖专业的东西（比如汽车）、做专业的服务（比如美甲），那么你首先要把自己培养成这方面的专家，偶尔在朋友圈、微信群里分享相关的深度文章，解答一些问题。

（4）分享成果，就是最直接的营销。

朋友购买完你的产品，一定要第一时间分享出去，分享的时候一定要把订单信息、对话内容截图放上去，这样会显得更真实，也是为了刺激其他朋友购买。例如，你的一个朋友购买了你的产品，你分享了，这个时候你们共同的朋友看到后，就会觉得应该支持你一下。

（5）互动环节"决定"转化率。

要经常和朋友们互动，让他们知道你的存在。比如你的朋友发了一个不错的信息，你要给予评论，实在不知道怎么评论，至少也要点个赞。这样，你的朋友就会觉得你在关注他，一来二去互动多了，自然会对你产生好感。另外，还可以适当安排一些促销活动，比如点赞送礼、免费试用等。

（6）要怀有一颗感恩的心。

不管哪个朋友买了你的产品，也不管买了多少，一定要感谢他（她），并且要当着全世界的人感谢。要知道，人家支持你，不一定是你的产品多么好，而是认可你这个人。所以要记得，别人的支持，实际上是我们欠下的人情，记得哪天要回报。一个真正懂得感恩的人，才能得到别人的尊重和帮助。

（7）建立一个与微信群主题相关的公共账号，名字要起得吸引人，每天就会有不少的人关注公共账号，公共平台每天需要一定的时间进行内容维护和推送，在推送的内容中添加微信群的信息，这样就会有一定量的人主动扫二维码或添加群主为微信好友申请进群。

（8）群建立初期，每天不宜一次性发布大量内容，可选适当时间发布几条，以免成员退群。积极与群内活跃成员沟通，使其帮你一起发布内容，带动其他会员参与。

第七节　微信群不限人数背后，腾讯的商业觊觎

腾讯微信的这一举措，从多数微信用户角度看，还是非常受欢迎的，毕竟百人群的人数限制，导致大量微信群无法吸纳更多的相关朋友，结果不得不通过开设所谓"二群""三群"的方式变相解决。

不过，与微信用户只是简单地解决了开群人数不够的问题不同，腾讯之所以原来对微信建群进行各种人数限制，而此番又放开上不封顶，其实背后隐含着一些不为人知的商业觊觎。不妨让我们来大胆猜测一下。

（1）通过微信群继续提升微信活跃度。

微信目前是全球用户量最大的互联网产品之一，截至2014年6月底，微信用户总数已经突破6亿，其中国内用户超过了5亿。这对于微信而言，既是好消息，也是坏消息。

好消息当然是微信在用户数量上继续保持领先优势，但坏消息是，如此庞大的用户数量，未来继续快速增长的可能性越来越低。因为微信用户已经突破6亿，除去少年儿童和老年人，以及少数经济极不发达地区（意味着无线网络和智能手机市场不发达）的人口外，绝大多数能够使用微信的人几乎都已经是微信的用户了。

既然在用户数量上继续保持高速增长已经不太可能，那么，微信如何

继续维持和提升其产品活跃度和信息量的增长呢？从微信的基本功能来看，无外乎有两条途径比较有效：一个是靠朋友圈；另一个是靠微信群。

通过提升微信群的人数，可以简单快捷地解决微信信息量和活跃度提升的问题。而微信的信息量和活跃度从商业角度看，就等同于它的价值体现。

（2）推动微信支付用户的提升和转化。

除了考虑微信继续维持和提升其产品活跃度和信息量之外，腾讯还特意强调了超过100人后，入群的微信用户必须是开通了微信支付的用户。显然，腾讯是在做一笔买卖，用微信用户对微信群可以有人数的需求来交换用户对微信支付的使用。

这一举动背后意味着，腾讯是要用这个新政策来推动微信支付用户的提升和转化，坐稳第三方支付尤其是移动互联网第三方支付的领先地位，进一步强化和阿里巴巴的支付宝在移动端的竞争力，尤其是强化对智能手机用户和移动互联网用户的争夺。

（3）强化微信平台的电商入口影响力。

腾讯希望通过加强微信用户活跃度以及提升微信支付用户数，来强化微信平台作为电商入口的地位和影响力。一方面努力强化微信平台作为电商入口的地位和影响力；另一方面依靠合众连横入股其他优质电商（如京东、大众点评）等来搭台唱戏。

腾讯希望通过间接强化微信平台的电商地位和影响力，来为合作伙伴京东和大众点评等更多地"输血"。

（4）向内容信息平台做适当延伸尝试。

腾讯这次扩展微信群用户数量，而且一步到位，上不封顶，其实是下了狠心的，也需要内部很慎重的考量和评估。如果微信群人数泛滥，比如数千人，那么可以想象入群的微信用户在微信上每天收到的信息可能多达上万条。如果是这样，不但信息根本看不过来，甚至会由于感觉信息垃圾而让很多人自动退群。

最终的原因就是，腾讯让微信群不限人数的目的之一，可能在继续巩固微信作为移动社交第一平台优势的同时，向内容信息平台做有限适度延伸的尝试。

分析与总结

腾讯这一次看似很小的一招提升微信群人数的举措,其实是隐含了不小的商业觊觎。既然微信都被外界称作是移动互联网时代的第一张船票,当然腾讯会绞尽脑汁把这张船票的价值彻底用足。然而,最后效果如何,还是要看6亿微信用户的反应,微信频频动作的背后透视着商业"亮剑"的竞争法则,微信未来的无限可能对我们每一个人来说,显然很值得期待。

第五章　微信营销与运营的行业案例解析

一、微政务：政府部门微信问政新利器

微信：信息发布于社交新平台

近两年，政务微信非常盛行，为社情民意提供了一个更通畅的、更方便的反映渠道，对政府来说它能更好、更便于了解社情民意；由于微信可发送语音、文字、表情、图片、视频、地理位置等各种信息，表现形式活泼多样，为人们的表达提供了多种方式。开通这样的政务平台，有助于进一步改善政府部门在民众心目中的形象，拉近政民距离。不管是办证取号还是缴纳电费，不论是交通出行还是投诉提议，当电子政务遇上微信，各种"难办事"通过公众号成为"办事易"。如果说过去是一个难以靠近的窗口，现在，政务微信号已成为老百姓手机上一个离不开的新朋友。

当你动动指尖就能完成签证，当你点击微信支付就完成购票和缴费，政务微信平台的发展热潮让老百姓切切实实感受到实惠和便利。微信，让沟通没有距离，让民生服务更接"地气"。而继"官微"之后，政务微信也成为官民沟通的全新平台。

接下来，让我们一起来了解一下政府微信如何渐成网络问政新平台。

数字看政务微信

自从微信公众平台上线以来，微信也不再是一个单一的社交工具了。短短3年多，580多万微信公众账号从这里诞生，衣食住行、生活娱乐在微信平台进行汇聚。而如今，"政务微信"的不断扩展，让我们的生活也开始发生改变，你不再像个"无头苍蝇"似的不知前往何处办事，而它也不再是"傲娇"形象让你无法接近。

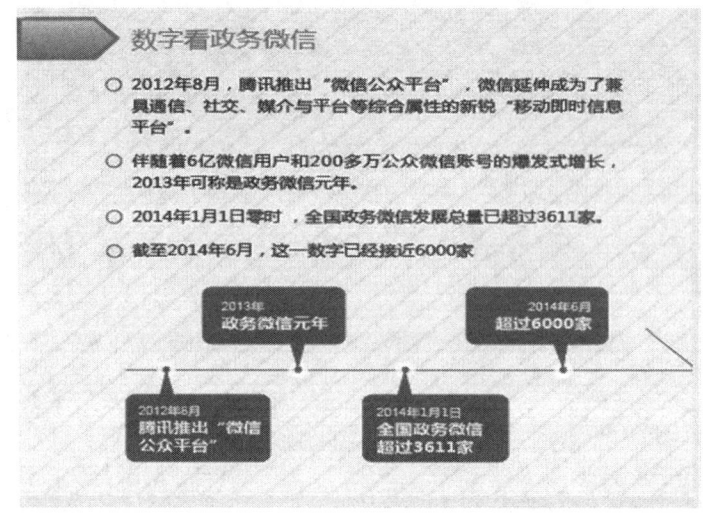

区域看政务微信

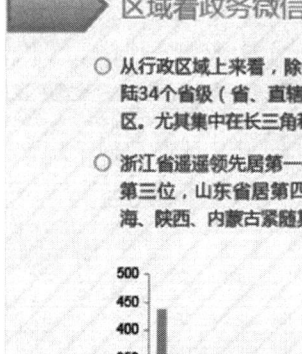

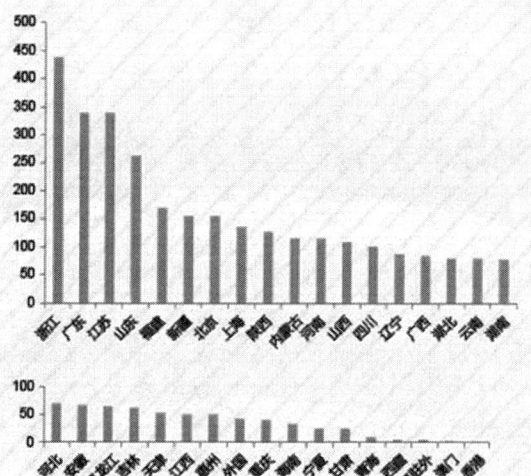

浙江、广东、江苏、山东……政务微信的"脚印"覆盖了我国大江南北。例如,深圳市民通过关注"深圳供电"微信公众号能让你通过微信支付直接缴纳电费,确保家里不停电。而"广东发布"微信号则能为广东市民提供办理生育、户籍、教育、社保、出入境等多达21项个人业务。除此之外,"武汉交警"还为武汉的驾驶员朋友提供微信支付缴纳罚款、路况查询等多种服务。

各级、各类政府机构看政务微信

大到市政府、小到居委会。在微信里,你总能找到为你"点对点"服务的政务部门。比如,山东济南社区级政务微信"历山名郡社区"微信公众号,就设置了"社区服务""旅游健身""金融理财""教育法律""餐饮娱乐"等多种版块与居民进行交流。另外,居委会还会定时通过微信公众平台向居民推送天气预报、时令保健、育儿医讯等生活信息,为居民提供无"微"不至的服务。

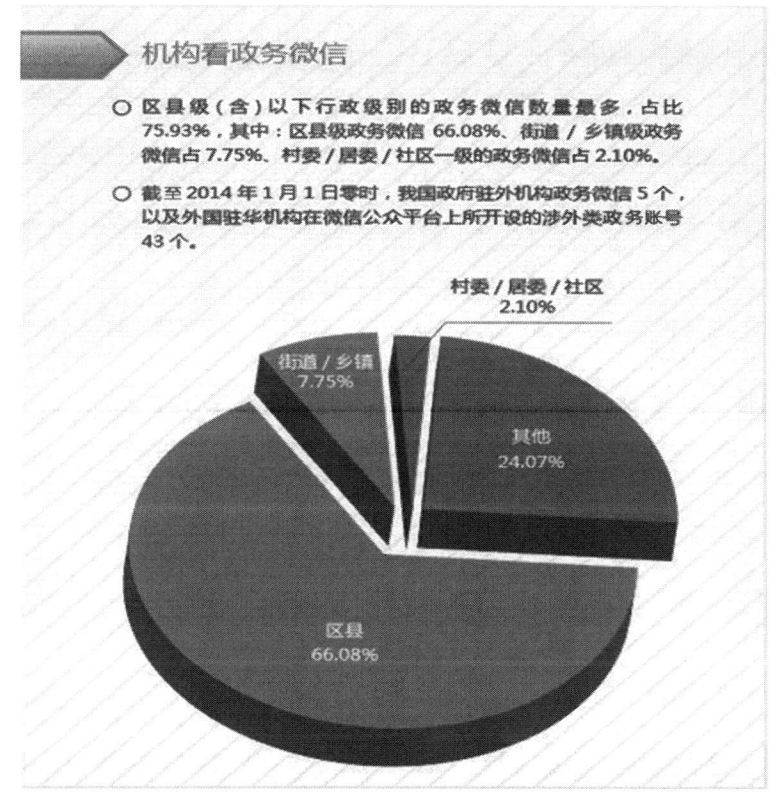

各级各类政府职能看政务微信

一个微信公众号，能帮助千万百姓足不出户办实事。连看病难这件"国民大事"在微信平台上都能完美解决。广东省韶关市粤北人民医院成为全国首家开通微信全流程就诊平台的医院。用户通过扫描微信二维码或搜索"粤北人民医院"添加关注，填写简单的个人信息，能用手机完成预约挂号、微信支付缴费、查看候诊通知和检验检查结果等就诊全流程。从而实现了微信医疗服务的智能化、自助化、自主化，全方位满足了老百姓的个性化医疗需求。

 职能看政务微信

○ 全国政务微信前10位的职能分布数据：

名次	职能	数量	全国占比
1	公安	1094	30.30%
2	共青团	408	11.30%
3	政府办	303	8.39%
4	检察	180	4.98%
5	文物旅游	168	4.65%
6	税务	151	4.18%
7	党政新闻宣传	115	3.18%
8	交通运输	114	3.16%
9	医疗卫生计生	109	3.02%
10	文化教育	100	2.77%

公安微信——老百姓身边的保护神

治安、出入境、交通、消防、禁毒等各大警种，公安政务微信一体化为民服务。警察叔叔在微信上保护你！例如，广州市民们在发生轻微交通事故时，通过拍照上传至"广州交警"微信公众号后，即可进行轻微交通事故快速理赔，避免了道路拥堵等情况发生。同时，通过微信公众号还可很方便地预约车辆年审、缴纳罚款，避免用户不必要的排队等待，办事效率极大地提高了。

公安微信——老百姓身边的保护神

○ 目前,公安政务微信是唯一单类突破1000的职能政务微信。

○ 公安系统的警务微信业已形成了从公安部、省/直辖市公安厅/局到地市级公安局、区县级公安分局、基层派出所和公安派驻警务室的垂直立体体系。

○ 从警种职能上,全面囊括了治安、出入境、交通、消防、边防、禁毒、刑侦、经侦、网警等各个警种。

1、"微信通缉令":政民联动机制的创新
2、警民联动:5分钟捕获盗窃团伙
3、"微信劝逃":一个月3名嫌疑人自首

政务微信——指尖上树立起"威信"

不用担心要看工作人员的脸色,不再着急无处查询的办事进程。动动手指滑滑屏就可以完成的"指尖上的政民对话"。

早在2012年,中国政府办序列最高行政级别的官方微信"中国政府网"登录微信公众平台,将国务院重要政务信息第一时间通过微信消息推送给广大用户,向社会公众公开。与此同时,国务院公报室也注册了微信公众账号"国务院公报",这些政务微信都将大大增强中央重大决策部署和政策文件的"落地率",拉近中南海和普通民众的距离,进一步提升政府的透明度和"威信"。

政务微信——指尖上树立起"威信"

○ 政务微信的出现和发展,不仅是政务公开、阳光政务的新形式,也成为微信平台用户社交安全的一种保障。

○ 政务微信的功能主要体现在党政信息化建设与政务公开、突发事件处置与舆论引导、社会管理与综合治理、移动定位服务和"人机对话"平台服务等五大方面。

○ 2013年9月12日,"国务院公报"入驻腾讯微信,成为了国务院公报室继微博之后,发布政务的又一新媒体平台。

政务微信的困扰

政务微信服务模式的出现，带给用户极大的惊喜与便利。随着信息处理能力和服务形式的日渐立体化，政务部门也将继续加快步伐，力求满足百姓多场景的服务需求。

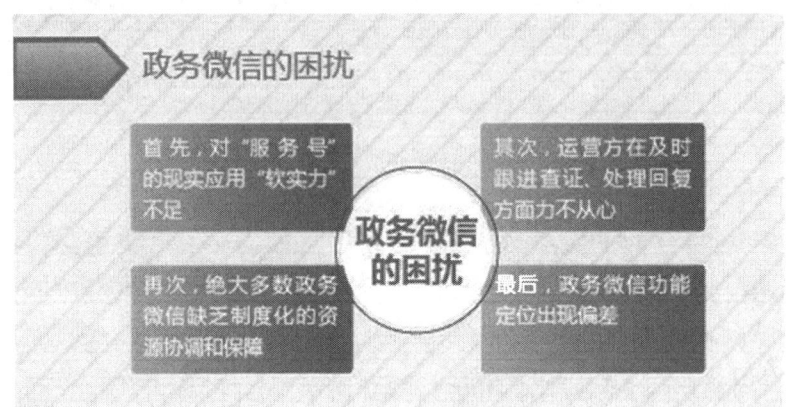

挂号、交违章罚款、户政、救灾、反腐、城市品牌塑造……微信，如神经网络一般，与民生、商业、政务等领域连接在一起，构建起智慧生活的服务网络。而今后，通过微信快速、高效的连接能力，"政务+微信"的服务模式还将继续拉近百姓与政府部门的距离，让这些新朋友成为人们生活中最实用、最实惠、最方便的好朋友。

随着越来越多的官方机构顺应时代潮流，入驻微信平台，政务微信渐成网络问政新平台的同时，不妨让我们来细数那些启动政务微信的新应用。

让我们来关注一下今年的全国两会首次启用微信公众号的相关情况。

据中国网讯 2014 年 3 月 1 日报道，为便于记者报道即将召开的十二届全国人大二次会议和全国政协十二届二次会议，全国人大信息中心和政协大会新闻组近日首次启用了微信公众号。

2014 年 3 月 1 日，北京人民大会堂，领取十二届全国人大二次会议记者证的记者纷纷拿起手机扫描关注"人大会议新闻中心"微信公众号。

2012 年 9 月开通的政务微信"平安肇庆"，仅用了两个半月的时间就拥有 700 个微友关注。在启用的前两个月，共群发推送了 105 条涉及出入境、户政、车管、治安等公安业务的资讯类信息，共接收并答复了 2000 多条问政信息。由此可见，政务微信一对一的双向性、私密性，进一步拉近官民距离，促发网友的咨询愿望，很多在微博里不方便说的话，人们可以通过微信寻求帮助，互动性效果更好。

二、微邮电：微信政务更亲民　服务民生零距离

随着微信用户数的稳定增长和平台服务的日趋完善，微信正与政府各项工作深入结合，利用平台优势发挥正面、积极的作用。"广州邮政""深圳供电""武汉交警"作为民生服务类微信运营的突出代表，利用微信切实解决民生问题、提供便民化的服务。

例如，广州邮政利用其"自邮一族"微信公众平台连接搭建起政府部门与车主沟通的桥梁。借微信的连接能力，将公安交警、地方税务、市政收费、保险公司等部门与车主实现信息有机整合，为广大车主提供智慧车生活服务。

用户关注"自邮一族"微信公众账号，可以实现交通违章、年票、车船税、车辆年审、证照换证、扣分查询、微信支付缴罚单等多项服务，是打通车主和政府窗口的平台，使邮局400多个网点成为政府窗口的延伸，车主到邮政的营业网点办理交通违法、车辆年审等业务非常方便。

三、微交警：全国首例微信支付"交通违章"

2013年8月8日，"武汉交警"微信公众账号正式诞生，从刚上线时的6万多粉丝一直成长到现在的50多万关注，武汉交警一直在利用微信的快速连接力，推行便民、利民的民生服务。2014年5月"武汉交警"正式上线微信支付处理"交通违章"，成为全国首例支持微信支付缴罚单的政府部门。用户关注"武汉交警"微信公众账号即可查询交通违章信息，并用微信支付处理罚单。

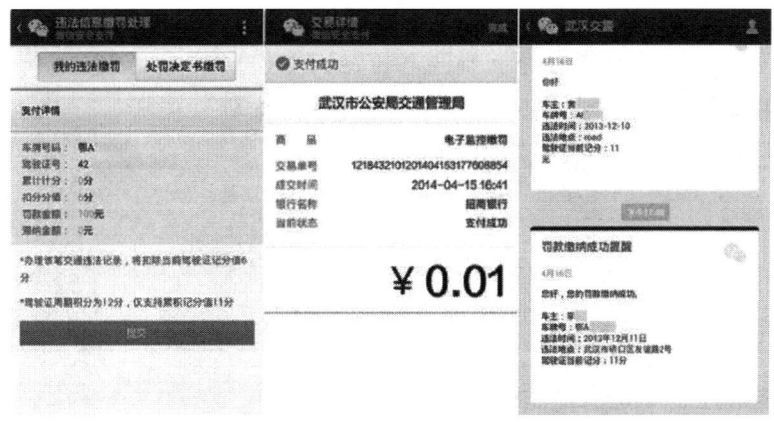

用户通过"武汉交警"不仅能查实时路况、违法信息、交管动态,还能办理交通事故理赔。据"武汉交警"现场公布的数据显示,截至2014年5月3日,用户总计查询超1925万次,每天查询量达到30万次,用户总计发送234.6亿条以上的信息。其中,最受用户欢迎的"限行查询"功能上线当天,用户增长万余人。

不仅仅是武汉交警、深圳供电,随着微信的有序开放和平台生态的日趋完善,以及活跃用户数的持续增长,微信带来的正能量,也吸引了诸多上至中央国家机关下至地方政府部门的青睐和入驻。

例如,国务院公报室开通的"国务院公报"、中国外交部开通的"外交小灵通"、国家统计局开通的"统计微讯",还有"厦门智能交通指挥中心""广东省博物馆""吉林气象""南京发布""罗湖法院""平安北京"……"移动互联网带来的信息大爆炸,对政府部门的发声渠道和执政方式也提出了更高的要求,政府部门转换思维,通过互联网的传播效应创新服务形式已是当今主流。"有专家指出,微信的快速连接能力不仅为政府部门提供了问计民生的新的通道和桥梁,通过微信的社交通道进行服务的新兴服务形式也让政府更贴近百姓。

四、微调解:劳动案件纠纷,微信在线调解

法院案多人少的矛盾,一直比较突出。法官往往同时承办多起案件,在繁忙工作中很难抽出时间开展调解工作,因而影响调解的效果和效率。传统的庭审调解和庭后电话调解形式,不仅增加了法官工作量,降低了沟

通效率,有时背对背调解方式可能引发当事人对调解工作透明度的质疑。为解决上述问题,北京二中院借助新媒体工具,启用劳动争议案件微信调解平台,创造性地将微信聊天室创设为网上调解室,推动司法调解从传统的当面调解、电话调解等线下(Offline)调解模式向线上(Online)延伸,形成了O2O(Offline To Online)多元化调解模式。

诉讼中,法官根据具体情况,将同意使用微信调解平台的劳动争议案件双方当事人加为微信好友,邀请他们加入由法官主持的微信聊天室开展调解工作。在聊天室中,法官主要就调解方案、调解书主文表述、正式签署调解书时间等问题与双方进行协商。双方达成共识后,法官将草拟的调解协议发至平台,由双方确认或提出修改建议。双方对调解协议共同确认后,法官通过平台通知双方到法院接受询问,签署谈话笔录、调解协议,并领取调解书、交接案款。

微信调解平台将新媒体工具引入民事诉讼,开创了线上调解模式。较之传统的线下调解,该平台一是便利当事人联系法官,当事人可随时随地与法官通过该平台沟通,表达调解意愿,不受时间地点限制;二是微信调解平台"断点连续"的沟通方式,使得法官和当事人均可利用各自零散时间表达意见,有效提升了调解工作效率,尤其对工作任务较为繁重的法官来说,只需抽出几分钟发一条微信,就可促进调解工作向前推进一步;三是微信聊天室实现双方当事人直接沟通,避免了电话调解中法官来回传话的烦琐;四是在该平台上,法官及当事人的发言,各方同时可见,还可浏览此前聊天记录，最大限度实现了调解工作的公开透明，增强了法院调解的公信力。

据了解，在二中院微信调解平台试运行阶段，已助力二十余起劳动争议案件达成调解并执行完毕。其中，既有进城务工的90后农民工与高档酒店因未签订劳动合同引发的群体性争议，也有小学教师与学校因离职违约金引发的争议，还有濒临破产的公司与劳动者因解除劳动关系引发的争议。曾有一起案件调解的律师感慨道："从前找法官很难，有些有调解基础的案件由于沟通不畅不了了之。二中院微信调解平台的建立，极大地方便了我们和法官的联系，拉近了案件各方的距离，有力促成了调解，确实起到了司法为民的良好效果。"

分析与总结

当越来越多的商业机构、政务机构、媒体传播机构等，加入微信这个自运转系统，并由此相连接而形成无数个密集分布的圈子网络。政府开通政务微信，对提高政务信息受众面具有积极的意义。微信用户已达6亿，并继续保持快速增长，未来的微信将可能成为用户最为重要的掌上生活圈，政务微信信息发布具有用户导向的精确性功能。这些信息必将比其他渠道更有个性，获得公众的认同和网络舆论的认可度也会更高。

五、微金融：移动金融"微"体验

金融业营销关键点

金融业是一个特殊的行业，它所经营的商品是金融商品，银行业、保险业、信托业、证券业和租赁业等都可以说属于金融业的范畴。金融业微信营销，一方面要提升自身的品牌影响力、整合业内资源、增强服务水平；另一方面又要注重粉丝和用户的稳健收益和私密安全。

随着移动互联网的快速发展，拥有6亿以上注册用户的微信还在持续迅猛发展中，金融业也积极开展微信营销，开拓业务领域。中小银行（招商银行、中信银行）及国有银行（建设银行）等银行也相继启动了微信营销。同时，微信也成为新媒体营销的重要平台之一，同时也是各大银行抢滩移动金融服务的重要阵地。许多银行微信平台纷纷从"订阅号"转战

"服务号",从单纯的信息推送转向向用户提供周到细致的掌上金融服务。建设银行已全面升级微信公众平台,兼具金融服务和在线客服功能,为用户提供体贴入"微"的移动金融体验。

以下分享几个简单的案例,让我们来看看金融业是如何运营微信平台的。

建行微信:在线客户配套金融服务

拥有国内手机银行业务规模最大、用户数过亿的建设银行一直是移动金融领域营销创新的先行者。

建设银行微信平台被最新命名为"小微",用户只需关注"建设银行电子银行"微信公众账号,不仅可以第一时间收到"小微"的账户变动提醒,实时掌握金融资讯,"小微"还能帮用户轻松办理生活缴费,让用户体验到真正的掌上金融生活。"小微"在提供多样功能的同时,其耐心周到的服务态度也是一大亮点,能随时解答客户的业务咨询问题。经了解,建设银行的微信银行之所以命名为"小微",是想通过微信银行平台切实地为广大用户提供无微不至的服务与关怀。而"小微"采用网络流行语与用户沟通,不仅拉近了与用户的心理距离,也让用户感受到建设银行的真诚服务。

微信服务平台精心部署　领先同业客户体验

建设银行微信银行为客户提供统一的微信服务平台,客户无须按业务种类分别添加多个银行服务号,通过关注建设银行统一服务号"建行电子银行"即可享受全面的微信银行服务。

客户可通过点击页面菜单,或向"小微"发送文字或语音指令,即可在线办理银行业务。通过微信绑定储蓄账户或信用卡后,可享受免费的账户变动通知与快捷的账户查询服务。通过一站式生活缴费休闲出行服务,让客户可以免去排队、跑断腿等缴费、购票的困扰。

分析与总结

微信银行是建设银行在互联网络平台上跨界部署的一大电子银行移动金融服务,是建设银行服务广大客户的全新渠道。微信银行服务通过运用社会化网络的工具及人气,不仅强化了建设银行的品牌形象,提升了客户的关注度,同时也体现了"以人为本"的设计理念,使建设银行电子银行更好地接近客户、了解客户、与客户互动、为客户提供更加优质的金融服务。

六、微房产:房地产微信营销推陈出新

随着互联网的高速发展,全新的网络信息时代已然到来,以信息化为主要突破口的营销方式变革,逐渐成为当今社会的关注重点。用手机等移动终端来获取信息、产生支付和消费逐渐融入了我们的生活当中,成为当今各行各业的营销、互动的新方式、新工具。

2014年3月24日,中铁置业打造了长、宽均为20米的二维码,并在

中铁花溪渡在售的三期产品的楼体上全面展示，约有 7 层楼大小，被公认为"北京最大的墙体二维码"。正是基于二维码的醒目标示，中铁花溪渡让广大有意向的购房者可通过二维码扫描，轻松获取中铁花溪渡的所有信息及房产项目的最新动态。除此之外，微信扫描关注者如有意向购房还可以通过微信公众平台报名参加购房团购，以获得更多的实惠与特权。

于是，便有不少购房者积极地参与进来，不单自己通过扫描二维码了解项目信息，还将其主动推荐给朋友。通过二维码了解项目的最新信息，既能充分地节省购房者的时间成本，又能方便、快捷地获取最权威的信息，这无疑为买房的 80 后及 90 后这类精准人群提供了他们最习惯的了解信息的渠道和消费方式。

分析与总结

房地产微信营销始终以消费者为营销的出发点与归宿点，重点强调互动式信息交流，消费者可以通过关注微信公众平台或扫描二维码等形式，方便、快捷地查询到感兴趣的房地产价格、地理位置、品牌，咨询有关信息，而有些问题通过微信可以直接获得解答，让房地产企业与消费者保持密集、双向的沟通和交流，大大提高了营销过程中消费者的地位，给予消费者前所未有的参与和选择自由，以此来打动消费者，极大地强化了消费者的核心地位。

七、微服务：南航微信营销和百万粉丝的启示

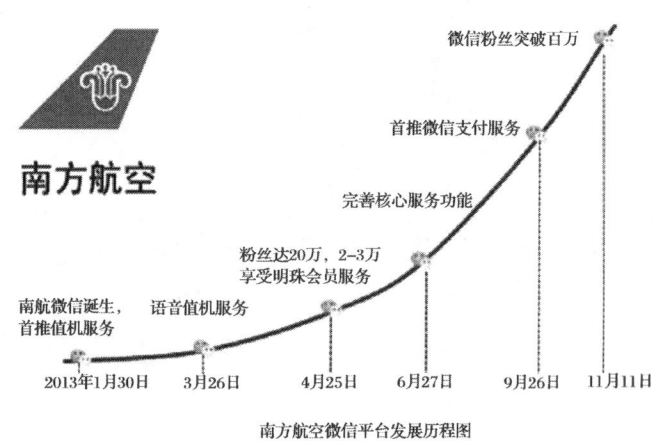

南方航空微信平台发展历程图
@SocialBeta绘制

2013年1月30日,南航微信公众账号(CS5539)诞生,南航推出这个自主研发的微信值机服务,成为国内首家提供微信值机服务的航空公司。用户只需要登录微信,搜索"中国南方航空"微信公众账号,或扫描二维码就可以关注该账号。

微信办理航班服务

在关注南航微信公众账号后,用户只要用手机登录,即可随时随地办理机票预订、办理登机牌、航班动态查询、里程查询与兑换、出行指南、城市天气查询、机票验真,这些之前只能通过线下才能够享受到的服务,微信平台实现了用户与南航的即时互动。

语音查询

南航微信还支持文字和语音查询。例如,对着手机讲上海飞广州,就能够收到航班、票价等信息。通过语音输入查询信息,便会智能回复相应的内容,可以让公众平台与普通用户进行便捷的互动。

一对一的 CRM

南航如今形成了包括微信、网站、短信、手机 APP、呼叫中心五大沟通服务平台。而微信平台通过语音和文本以及菜单式交互让南航实现了与用户一对一的互动沟通。

分析与总结

从南航微信平台完善的服务体系,到利用微信实现线上线下的联动服务,以及南航秉承的服务理念,造就了南航微信在云端的奇迹。但是也正如南航对待微信未来发展的态度和理念一样,每一种工具都只是为更好地服务客户,完善南航全流程的体验服务,微信作为一种服务手段,也是如此。

八、微汽车:微信重构汽车服务新场景

你是否一直在关注着一款气派、空间大、性价比高,既能商务用也能家用的汽车,但却因为工作忙,一直没有时间和机会去4S店看车?突然有一天你看到汽车4S店通过微信发布了一条上门试驾的活动信息,刚开始你还半信半疑,凭着不花钱想试试看的心情,进入了微信发布活动的页面,

点了上门试驾的车型、试车的时间、地点等信息。当你刚提交预约试驾的信息没多久，4S店真的打来电话，联系相关的试驾情况。到了约定的时间，4S店的工作人员已经很准时地将车开到你所住的小区，并在试驾前详细给你讲解了车型功能和一些试驾注意事项，并陪着你上路试驾。你深有感触，像这样体贴入微的服务还是平生第一次遇到，感觉实在是太好了。

你内心无比激动，告诉了你身边的朋友，但你的朋友却在怀疑这个事情的"常理性"……从现在开始，不用怀疑了，你所亲身体验的正是4S店尝试通过微信方式，根据客户时间推出了上门试车服务的活动，活动针对那些想买一辆称心如意的车，总想亲身体验一下，然而受到各种条件限制，到4S店的试车由于人多往往只能是象征性的。更多相关的此类活动也成为当下汽车企业营销服务的一大亮点。

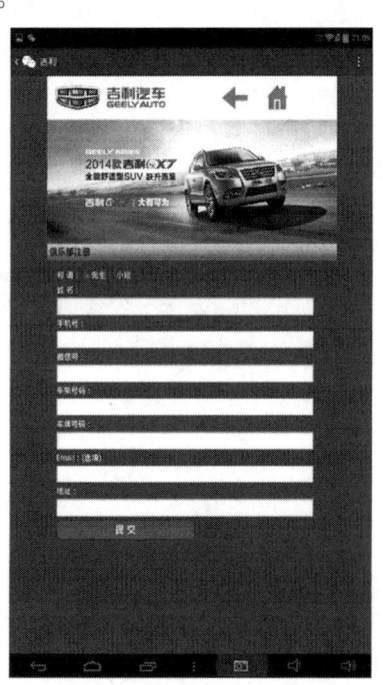

据4S店相关人员介绍，4S店开展"上门试驾，订车有礼"活动，全部可以通过微信公众平台进行，让消费者不再局限于计算机前，随时随地都能参与到活动中来。

这其中，更有类似"车商通"这样的系统平台推出的基于微信构建SCRM的解决方案，让车主和4S店的痛点"不痛"。微信公众平台解决方案实现了需求与服务的连接。方便车主的同时，也为4S店实现了 7×24 小时的智能化客户服务和管理。

车商通帮助4S店利用微信提供的高级接口,实现了基于微信的SCRM解决方案的"五化":账号产品化、产品服务化、服务个性化、个性数据化、数据智能化。

4S店微信公众平台,已涵盖集商城、微信支付、救援等综合功能于一体,重构汽车服务新场景。

据车商通CEO李明友透露,截至目前,车商通系统已覆盖92个汽车品牌,1286家4S店,用户90万,累计产生19万次购车询价,21万次服务预约,13万次保险询价,96万条服务点评。所有线下开展的业务,4S店全部可以通过微信平台进行,4S店对客户可以实现一对一的定制服务,满足试驾者的要求,能够让试驾者更深入、更细致地体验试驾车型的各项性能。而更多的汽车4S店希望通过这种创新营销方式为客户提供更贴心、更周到的服务。

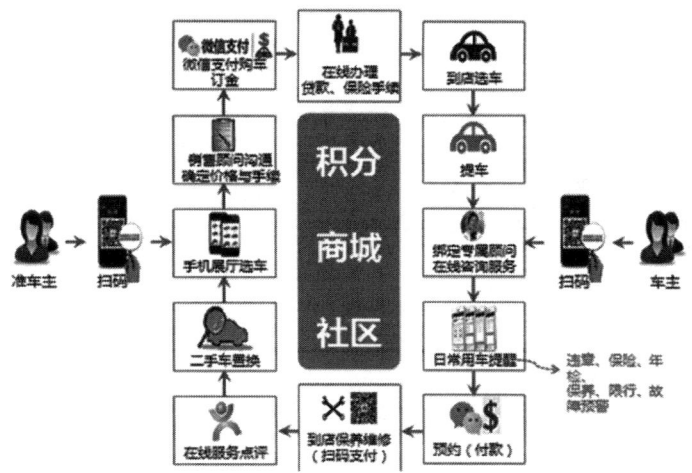

分析与总结

汽车营销不仅是降价、送礼,更重要的是如何让消费者更便利、更有尊重感地来了解产品和性能,如何在体贴入微方面做足功课,让消费者更信任你,汽车4S店利用微信平台,切切实实做好与消费者的互动营销,这种尝试值得肯定。

九、微疗：微信全流程就诊平台

近年来,一些医院开始转战微信,陆续开通微信公众号,但所提供的医疗服务仅限于预约挂号、挂号缴费等碎片化的流程,未有医院能突破微信支付医疗费用的瓶颈,2014年6月11日,全国首家开通的微信全流程就诊平台在广东省韶关市粤北人民医院正式运行,用户扫描微信二维码或搜索"粤北人民医院"添加关注,填写简单的个人信息,即可用手机完成预约挂号、挂号、缴费、查看候诊通知和检查检验结果等就诊流程。

从挂号、缴费拿药都无须久等

关注"粤北人民医院"公众号的用户可通过微信直接查看医院专家信息,根据自身情况自主选择专家并预约挂号。而在就诊当日,患者只需通过微信支付挂号费,即可挂号成功。在医院的公众号内,可点击医疗助手中的候诊通知查看候诊人数,从而大大降低了患者就诊的等待时间,用户可灵活安排其他日常事务。

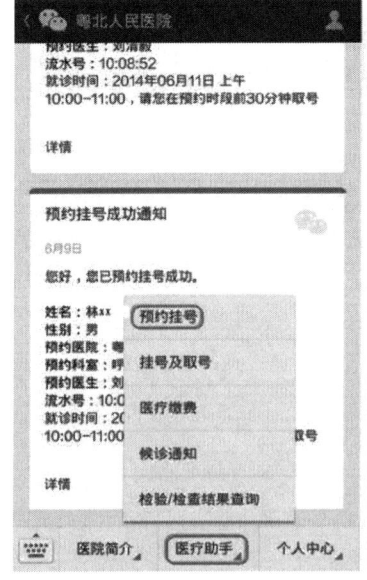

与此同时，用户在医院就诊时可以通过微信支付缴纳药费和检验检查费用，支付成功后，系统将取药窗口、检验检查项目的所在位置、等候人数等信息发送至用户手机，用户根据各个项目的等候人数，合理地自主优化就诊流程。此外，用户不需要在医院等候检查检验结果，可随时随地通过微信查询。

远程可候诊，医院设微信专窗

远程候诊。市民挂号或预约检查后，不需要在诊室门口焦急等候，通过关注候诊通知，提前到达医院就诊即可。

一个账户全家使用。考虑到部分人群未能熟练操作智能手机，该院微信服务推出一个账户可绑定多张就诊卡的功能，用户可随时随地帮助父母或孩子在手机上预约挂号、挂号、缴费、查询检查检验结果。

关注患者就医体验。用户在完成缴费流程后，系统将会自动提示患者填写满意度调查表，以了解患者在各个就诊环节中对医院的建议和意见，及时发现服务中的不足，持续改进服务质量。

粤北人民医院微信服务平台革新了传统的医疗服务模式，医院对患者的关爱在技术的支持下变为现实，患者在各流程的细节处感受到医院的关怀，少了以往因排队造成的漫长等待，多了几分医患间的理解和信任。

移动服务智能化的口腔医院

"武汉大学口腔医院"的公众账号，患者仅需点击关注后，简单填写相关资料，即可自由选择相关科室、医生，预约时间，轻松自助挂号，绕开传统挂号时的漫长排队缴费过程。

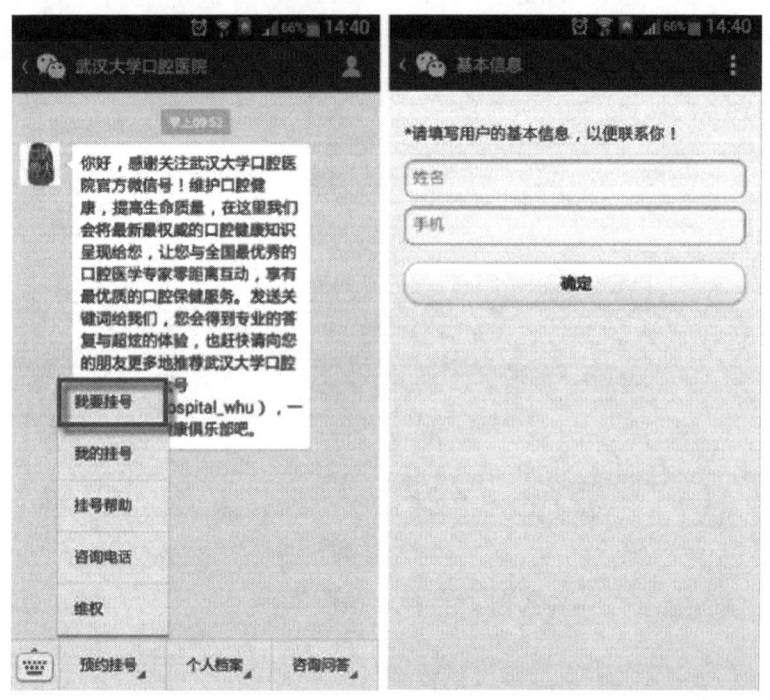

武汉大学口腔医院微信公众账号目前已开通挂号、支付、查询医嘱、推荐附近的门诊、口腔健康教育视频点播等功能，当患者绑定就诊卡后，能查到就诊当天的病例记录，以及下次复诊的日期等；患者到达医院通过自助取号确认订单信息，并通过微信支付直接支付挂号费后，即可直接去找医生就诊。这一切患者皆可自助完成，非常便捷。

另外，武汉口腔医院还计划借助微信的连接能力，陆续推出微信查阅X光片、绑定医疗卡、药价动态查询等更多个性化服务内容。

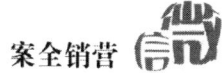

用微信，看病不排队！

微信就诊 — 先用微信挂个号，明天不用起早。

普通就诊 — 明天看病要早睡，清早起床去排队。

微信支付挂号费，前面还有20人，看会球赛再出门。

强中自有强中手，等号缴费好发愁。

十、微保障：泰康人寿的微信营销

微信正在深刻地改变着人们的沟通方式，保险业这个金融领域也在摩拳擦掌，试图利用微信营销展开新一轮的商业竞争。随着网银、手机在线支付手段的不断完善和发展，投保人完全可以在保险企业的官网上、微信上，享受保险咨询和投保服务。在微信平台上，有很多粉丝也同时在关注人身安全、财物安全和健康寿险。他们摆脱了时间、地域限制，可以更方便、更快捷地随时随地投保。在微信兴起时，保险业纷纷开通微信、笼络粉丝，向其传达保险知识、保险信息和保险故事。

泰康人寿保险股份有限公司建立了三级微信平台布局，解决了APP多屏问题。泰康人寿35家分公司微信账号，总共三级41个认证企业账号。一二级微信账号的关注用户数为74万，绑定用户数为32万。截至2014年7月21日，"飞常保"客户数突破600万。

泰康微信平台整体布局

- 泰康人寿35家分公司微信帐号
- 总共三级41个认证帐号
- 一级账号：泰康人寿+泰康家园
- 二级账号：泰康资产、泰康之家、泰康养老、泰康在线
- 三级账号：35家分公司微信帐号
- 泰康人寿、泰康养老、泰康在线已开通微信支付，泰康家园与泰康资产即将开通微信支付

领先的微信保险方案

1. 微信提供的多种的接口能力使得随时随地的保险服务成为可能
2. 结合微信的社交属性设计推广产品，极具爆炸性
3. 微信上产品的展示与代理人推广的结合，使得保险O2O水到渠成
4. 进驻微信可以迅速聚集大量的用户
5. 借助微信减轻了适配移动端多操作系统的开发工作量

- 客服接口
- 微信支付
- 社交关系
- Oauth授权
- 地理位置
- ……

泰康人寿通过"微OA"实现了内部产品、运营、办公全流程微信化。"泰康家园"每日点击量4000次，员工利用分分秒秒碎片化的时间在移动互联网端就能完成任务，办公更加便利化、快捷化。

目前除了泰康人寿之外，在微信公众号开通"保险"及相关业务的保险公司还包括阳光保险、平安保险、安邦保险、新华保险、众安保险等几十家金融服务机构,他们均以用户体验为基础,不断借助于微信粉丝和客户的反馈来优化自身产品,为用户提供简单、便捷的服务。为了给客户提供更加省时、省钱、省心的在线金融解决方案,他们在以微信为载体的销售平台上,也在不断优化更多客户自助操作的功能。

分析与总结

移动微信时代的到来,让一部手机就可以开通手机银行、移动微博、微信、QQ等,消费者的购买行为和习惯发生了重大的变化。保险企业必须跳出保险行业自身去思考、去创建新模式,而微信的出现可以让保险行业的营销具有活动营销的特点:通过微信发起、组织客户见面会、沙龙、促销优惠等活动吸引粉丝的互动参与,也可以在微信信息中植入自己的产品广告,利用微信平台随时随地为客户提供细腻化沟通和理赔服务,为公司和个人起到品牌宣传作用。

十一、微餐饮:微信公众账号变身移动版便携式"菜单"

智能手机的普及,移动应用不断更迭,移动互联网不断占据人们的碎片化时间,越来越多传统行业开始重视互联网,积极探索与移动互联网结合的方式方法。微信的社交平台属性及轻应用特性,为传统餐饮连接互联网提供了条件。利用微信排队、点菜、支付、客服等功能正在被餐饮企业积极尝试和运用中。

不仅如此,微信已经慢慢地渗透到你的生活当中,你周围的人群及朋友都在被这种环境和习惯改变着。微信充斥着中国数亿网民的手机,占据着他们几乎所有碎片化的时间,正因为如此,你现在的生活中是否会有如下场景呢?

场景一

当你有朋友来访,为了尽地主之谊,朋友之间一起吃个饭再平常不过。但对方想吃的口味并不是你经常去的那一家,所以到底去哪里吃成了一个问题。对于一向不太会了解美食行情的你是一件难事,于是你求助了一位吃货朋友帮你推荐,不一会儿他通过微信发来一个某某餐厅的微信名片或者微信公共账号。当你加关注后,你会看到这家店离你最近的分店地理位置、餐厅环境、菜品及价格等。然后,你把看好的包间直接通过微信下了订单,你的手机马上收到了一条预订成功的信息。整个过程不需要电话、不需要亲自查看,只需要有这家餐厅的微信账号,一切都可办完。

场景二

当你逛街或者外出时,你总会在繁华地带的路口收到很多快餐店的宣传单或者美容美发等促销的小广告,你碍于面子接下后,看到一个垃圾桶便很快地扔了进去,极少会放进包里。对于商家来说印制宣传单是成本比较高的一件事情,而消费者并不会因此而多么在意。微信的普及和到来,让你看到这样的情况越来越少,你看到的更多是这家餐厅的二维码,有个活动在组织并吸引你扫描并关注后,给你一定的优惠或者小礼物,并建议你下载微信和使用微信直接下单订餐,还可以选择送餐服务等好处。

其实,上面的两种情景我想肯定很多人遇到过并且经历过,因为微信的出现让点餐及支付的消费场景变得更加丰富多彩,如"当顾客排队等位的时候,微信能自动推送订餐信息,然后进行支付,自动下单,顾客排到号时就可拿着入口牌,进去享用美食了,不需要进去之后再点餐"。

继海底捞借微信支付完善O2O之后,更多的餐饮商家借助微信平台实现O2O落地,微信是天然的CRM体系、O2O闭环,这不仅可以提升用户的消费体验,还可以为商家带来系统的用户信息管理,让消费者的移动用餐更加便捷、优惠。

2014年5月,浙江外婆家餐饮有限公司联合微信支付推出的"1分钱享外婆美食"活动,成为又一家借微信支付之力,创新移动用餐体验的餐饮连锁机构。

关注"外婆家"微信公众账号后,微信支付1分钱,就可获得优惠资格。通过该公众账号在线点餐功能点餐,微信会将点餐编号推送到店内终端上,服务员通过该编号下单。用户在买单时会自动下发含支付链接的微信消息,点击即可微信支付买单,同时,根据优惠信息会自动减免。

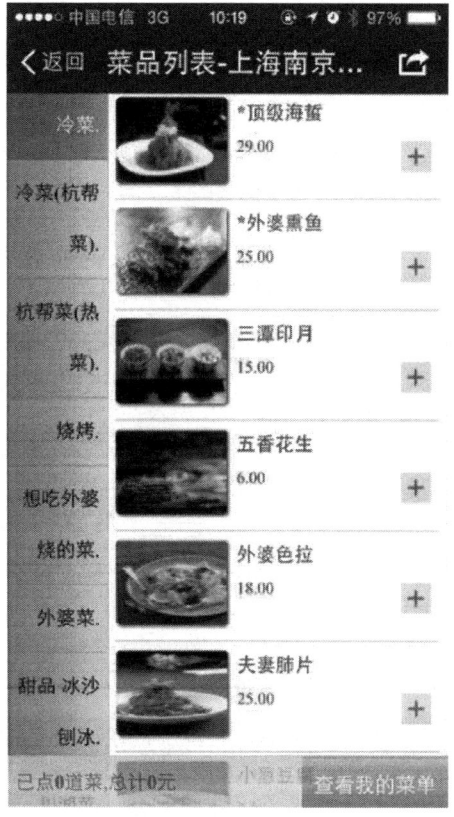

例如,定位查找身边的餐厅信息,通过优惠活动了解餐厅动向,如果有喜欢的菜品,可以直接在线下单,无须到店点餐。为了进一步深层次地营销,"外婆家"还对不同会员等级的顾客提供针对性的服务,俨然一个随时在握的掌上移动餐厅。

那么,线下餐饮类商家想利用微信开展营销并获得成功需要掌握如下五个关键点。

（1）餐饮微信用来做什么。

基于微信自身可以获取周围用户这一特点，建议餐饮类商家先注册公众账号并尽快申请认证进行营销，因为这样更有利于商家品牌的建设，也方便商家推送信息和解答消费者的疑问，更重要的是，可以借此免费搭建一个订餐平台。

（2）餐饮微信如何推送内容。

首先，一般的公众账号应有侧重点，是主要做促销用还是做服务内容用。当然对于大的连锁企业来说，将促销与内容分开各做一个公众账号是非常有必要的。当用户想使用优惠券的时候可以直接在促销信息中查看。单独用来推送内容的账号可看作是专为品牌的忠实粉丝提供，满足他们希望了解更多企业信息的需要。

一般推送的信息可以是最新菜式推荐、饮食文化、优惠打折等方面的内容。对粉丝及会员分类管理，针对新老顾客推送不同的信息，同时也方便回复新老顾客的提问。这种人性化的贴心服务肯定会受到顾客的欢迎，一旦触发顾客使用微信分享自己的就餐体验，就进而形成口碑效应，会大大提升商家品牌的知名度和美誉度。

（3）餐饮微信如何让用户知道。

店面是充分发挥微信营销优势的重要场地。在菜单的设计中添加二维码并采用会员制或者优惠的方式，鼓励到店消费的顾客使用手机扫描。一来可以为公众账号增加精准的粉丝；二来也积累了一大批实际消费群体，这对后期微信营销的顺利开展至关重要。店面能够使用的宣传推广材料都可以附上二维码进行宣传。

（4）利用好玩的游戏。

通过不同的沟通形式和内容可以达到不同的效果，比如通过互动游戏，可以提高用户黏性，如果游戏设计得合理，还可以引发用户带动周围的朋友一起参与，达到口碑营销的效果。

（5）签到打折活动举例，用活动吸引消费者参与。

微信营销比较常用的方法就是以活动的方式吸引目标消费者参与，从而达到预期的推广目的。以签到打折活动为例，商家只需制作附有二维码和微信号的宣传海报和展架，配置专门的营销人员现场指导到店消费者使用手机扫描二维码，关注商家公众账号即可收到一条确认信息，消费者凭借信息在买单时享受优惠。为防止出现顾客消费之后就取消关注的情况，商家还可以在第一条确认信息中说明后续的优惠活动，使得顾客能够持续关注并且经常光顾。

分析与总结

在移动互联网时代，微信必将成为餐饮业不敢忽视的营销利器。因为，谁也不会舍弃一个高效的经营管理工具，舍弃一个与客户 24 小时随时随地沟通的营销工具。作为传统餐饮行业，一直没有出现过任何一款设备可以让客户拥有移动消费的渠道，而微信的普及应用，给餐饮行业实现"移动消费"打开了一扇窗口。通过微信订餐可以与线下服务结为一体，通过微信线上揽客，线下服务客户，最终达成成交。实现了微信和线下实体店的精密结合与全方位互动。

十二、微娱乐：KTV 微信营销，完善客户体验新方式

无论你是否关心微信营销，我们都惊讶地发现，越来越多的行业，诸如 KTV、银行、餐饮、电子商务、咨询服务等行业，都在努力探索新的营销模式，而拥有 6 亿多用户的微信绝对是一个崭新的最佳营销途径。由于其拥有的庞大用户、微信技术支撑以及自身移动用户端的特点，微信必将变革传统的（移动）互联网，带领人们进入移动互联网新时代！为用户提供更方便、更快捷的服务，不再受限于网络服务。

KTV 是我们每个人都不陌生的，回想一下当团购没有出现时，我们会选择去附近的 KTV 或通过朋友了解到其他地方的 KTV，再电话咨询与预订，当团购出现后，我想大多数人会选择去团购网站上选好地点，找该地

点附近优惠的KTV，再电话预订。而微信营销出现后，所有一系列的操作都可以转移到移动端的微信上。

场景一

大家一起聚会，兴致正高，准备再找个地儿K歌，于是掏出手机，通过LBS定位查找附近的KTV，然后打电话询问是否还有包厢，最后前往消费。如果是价格敏感的用户，这时候还会到美团网或者大众点评网找找是否有团购优惠。

场景二

朋友之间好久没聚了，或者又到了什么特殊日子，大家约好时间去K歌，然后通过手机或者计算机到网上找优惠找团购，选择一家距离近、交通方便的，然后通过打电话预约，带着短信验证码前来消费。

以上两个场景相信大家都很熟悉了，通过这两个场景，再结合微信营销，我们再来看看用户的需求都有些什么？以下我们从筛选KTV娱乐业微信营销的成功案例来进行剖析。

场景三

"我无意中发现身边的朋友在对着微信唱歌，还玩得不亦乐乎，经过询问才知道，原来朋友在参与附近一家KTV的有奖游戏，该游戏只要听旋律唱出歌曲即为回答正确，全部答对可获得两小时免费包房时间，错1~2首可免费获得嘉士伯啤酒两瓶。在朋友的介绍下，我也参与了游戏，这个游戏需要听歌曲猜歌名，在朋友的帮助下，一起完成了这个游戏，答对了5道题，获得了50元的代金券。"

营销方式分析

这样的微信营销方式，不但增加了用户对KTV的关注度和黏度，同时也将该KTV的品牌推广形成了圈子营销，让更多的人了解到，更有利的是间接引导用户拿着代金券去消费。

关注KTV微信，随时随地咨询、预订！

除了上面介绍之外，还有一个亮点：当我们一群人决定下班后去这家KTV玩的时候，朋友竟然通过微信就可以咨询当天的价格，有没有优惠活动等信息，报上我们的人数，还可以预订房间，并且 KTV 的微信客服会把房间的图片发来给我们看一下。

这一功能跟电话咨询预订相比，省去了找电话号码、打电话的麻烦，同时还可以看到已经预订的房间图片；跟在线咨询预订相比，更是摆脱了时间和地域的限制，不是一定要上网才能咨询和预订，而是随时随地都可以通过微信咨询预订。

微信营销如何更好地开发新客户，留住老客户是所有经营企业的人要解决的问题。KTV 商家们能做些什么，以及怎么做微信营销能够给客户带来更好的消费体验，下面我们将分享一些运营策略给大家。

主要通过三个场景就可以洞察到用户的需求：

① 找 KTV；

② 找优惠；

③ 在线预约。

基于用户的场景和需求，KTV 商家能在微信内做什么？

① 提供在线下单；

② 提供在线预约；

③ 提供包厢查询；

④ 提供优惠活动；

⑤ 提供电子会员卡特权；

⑥ 提供微信在线客服。

怎么做微信营销才能留住老客户，下面着重介绍一些思路，供大家参考

（1）让客户扫描二维码。

微信二维码，要放在店内醒目的地方，引导到店消费的顾客关注你的公众号成为粉丝，这个是基础。

（2）申请微信公众账号并搭建企业微信公众平台。

① 首先需要解决用户的基本需求，通过建立公众号自定义菜单或自定义图文回复的方式实现客户在公众号内即可在线下单、在线预约。

② 定期在微信公众号内做特定的营销活动提高粉丝的参与度和活跃度。在线活动类型可以使用提供的刮刮卡、大转盘等，但也不可仅仅局限于此，活动还要有足够的创意和吸引力才行。

③建立微信会员卡进行客户关系管理。KTV是个高消费频率的行业，之前多数KTV吸引二次消费常用的方式就是送实体限期优惠券，这种方式古老且效果不好，而且纸质优惠券容易乱丢不易管理，同时也给商家增加一定成本。微信会员卡通过建立专属的微信电子会员卡，根据每个电子会员卡领取用户的消费记录和微信记录，可以分析不同人的不同偏好，更好地支持个性化服务。根据购买行为对粉丝进行不同的层级划分，对不同层级提供优惠或专享特权服务。用积分系统作为会员运营的激励手段，并配合不同形式不同种类的优惠券营销，将实惠留给会员，保持长期的会员活跃和贡献。如果这样进行客户关系管理，用户会员卡的使用率也会增加，在真正有K歌需求时会第一时间想到你，顾客忠诚度也会显著提高。

④将微信作为在线客服，在微信内做好沟通与互动，及时解决用户的各种问题咨询。基本上每个人天天都在用微信，在微信内做客服极大地为消费者提供了方便，你可以很容易地体会到如果还是用打电话的方式，占线等待是多么糟糕的体验和时间的浪费。如果没有一个良好的用户体验，客户就失去了要选择你的理由。

分析与总结

归根结底，所有的微信营销都可以总结为公众号粉丝营销。所以关注公众号成为粉丝是第一步，但是，需要谨记的是在微信内要做好沟通、互动和服务，而最关键的是如何更好地服务于你的顾客（你要给一个粉丝关注你的理由，你要想想你到底给你的微信粉丝带来了什么价值）和客户关系管理，站在粉丝的角度想想他们需要的是什么，你给的可能并不是他们需要的，所以不要认为微信营销是天天发营销消息，没人愿意关注一个天天都是营销消息却对自己毫无价值的公众号。

结　语

微信推出来自未来的识别技术，解析你的专属密码

当下，微信乃至整个移动互联网正越来越智能化，订餐、娱乐、订机票、微信值机、租车、查天气、买保险、买汽车、查快递、发邮件、住酒店、去旅游等在我们身边越来越多的微信应用已经出现。2013年12月，海尔发布的首例运用微信控制技术的空调产品。使用微信关注"海尔智能空调"的公共账号，然后绑定家中的智能空调，就可以实现微信操控。通过微信，消费者可以将手机变成空调遥控器操作空调。用户不仅能完成开关指令，还可通过用语音、文字输入等方式调节空调，比如打开微信语音功能后，口述"开机"两字，就能够直接打开空调，再输入"26℃"，空调就会被遥控调节到26℃。未来还将有更多可以支持腾讯微信的产品，在家电与互联网的跨界合作上具有极大的想象空间，为用户提供基于社交平台的智能便捷生活。除此之外，2014年7月，据披露微信与国内四家可穿戴设备厂商（iHealth、华为荣耀、乐心和咕咚，它们与微信合作模式都只是通过微信服务号，借助朋友圈把用户运动数据分享出去）合作后，又有一则自美国曝出的消息，微信又与游戏设备制造商雷蛇（Razer，是全球顶级游戏外设品牌之一）旗下首款智能穿戴设备 Razer Nabu 完成突破式合作。

据悉，Razer Nabu 腕表售价100美元都不到，但已经将社交功能植入，比如当我们手机接到微信时，即使手机放在口袋里，我们也能在这款产品醒目的隐私信息显示屏收到提示。除微信腕上通知功能外，两者合作也已涵盖微信与国内四家可穿戴设备厂商的合作模式，并且雷蛇还被曝光：正与微信商讨实现微信用户仅通过握手或击掌的简单动作，就可以迅速交换联系方式。

推出智能腕表不仅再次改变和颠覆了人们的社交方式，更表明微信正在大力发展其海外用户。雷蛇在美国市场帮助微信推广的同时，微信也将在中国市场帮助 Nabu 的市场渗透加上一把火。

人与现实世界的智能连接亦越来越强大，这带来了更多变革的可能。这个大变革的可能性在哪里？不妨，让我们来看看微信派（微信官方的公众账号）刊登的一篇文章中所提到的更多可能的"未来变革"。

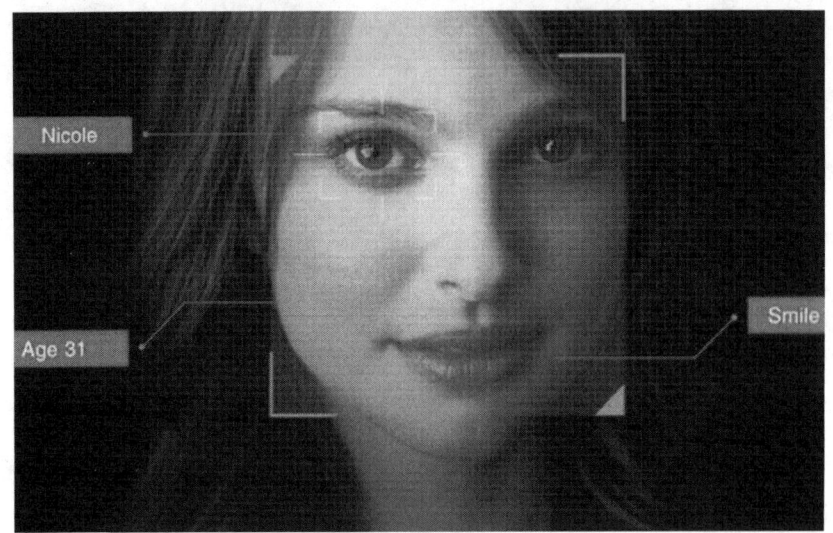

想象一下：走在大街上，你看到某位潮人穿了一双超棒的鞋子。你拍下一张照片，接着你的手机为你找到了一家网站，你可以给自己也买上一双了。这项技术还没有完全实现，但现在移动图像识别（MIR）势头渐进。那么好的新技术就在那里，等待着好的创意把它们应用到人们日常生活之中。图像识别就是最典型的例子。

众所周知，每一张图像都有着独一无二的显像特征，色彩、分辨率、抑或是不同的组合图形。这些特征构成了每一张图像的专属密码。这些闪闪发光的新技术和创意会为我们的生活带来什么影响？

语音识别——不只是"开会神器"

微信语音"转换为文字"功能，被很多小伙伴封为"开会神器"，为不方便听语音又需要实时查阅消息的各种特殊场合提供了极大的方便。除了能将语音消息转换为文字之外，微信还将语音识别技术应用到输入、语音提醒等各类应用中。

图像识别——图片背后的无限延伸

走进电影院面对琳琅满目的电影海报,却不知道哪个好看?上网想买本书,却不知道其内容质量究竟如何?打开微信"扫一扫"就能跳转到相应的信息页,轻松获得电影、书籍等的详情介绍、评分、院线信息、在线付费购买等一系列延伸内容和服务,轻松"Pass"掉所有华而不实的电影、书籍。将来,微信图像识别将陆续与智能玩具、图像识别类APP、传统媒体(如纸媒杂志及报纸)等展开深度合作。

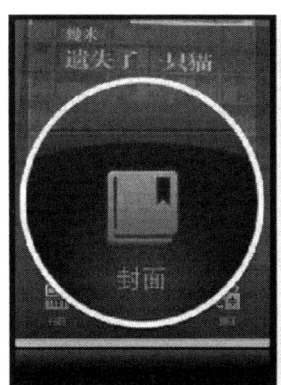
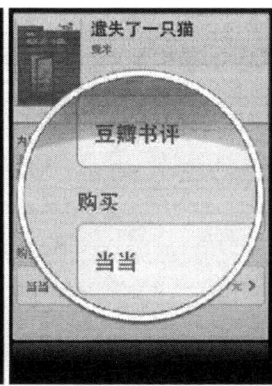

人脸识别——人类的天然密码

看过电影《碟中谍4》的观众一定对这样的场景印象深刻——一名特工戴上了能够进行人脸识别的特制隐形眼镜,从而在人群中迅速找出目标。类似情节在这部影片中还有很多,事实上,不仅是在电影中,人脸识别已然成为现实。也许未来的某一天,你刚踏进经常光顾的美容院大门,就听到有语音提示:"您是我们的VIP客户,请随我来"。这时你千万不要感到奇怪,这是人脸识别系统带给你的惊喜。

其实，人脸识别系统带给人们的惊喜远不止于此。国际支付巨头 PayPal 就在 12 家商场推出了依靠"人脸识别"的支付系统。通过 PayPal 提供的 APP，用户可以在手机上看到附近支持"人脸识别"支付的店铺，进入某间店铺，点击商品名称、支付购买费用后，用户的名字和照片以及消费金额便出现在了店铺的支付系统上。与顾客核实个人信息后，收银员便可点击用户照片发出付款指令，整个购买过程就完成了。这一尝试，真正将流行了近 10 年的"刷卡"消费改为"刷脸"消费。

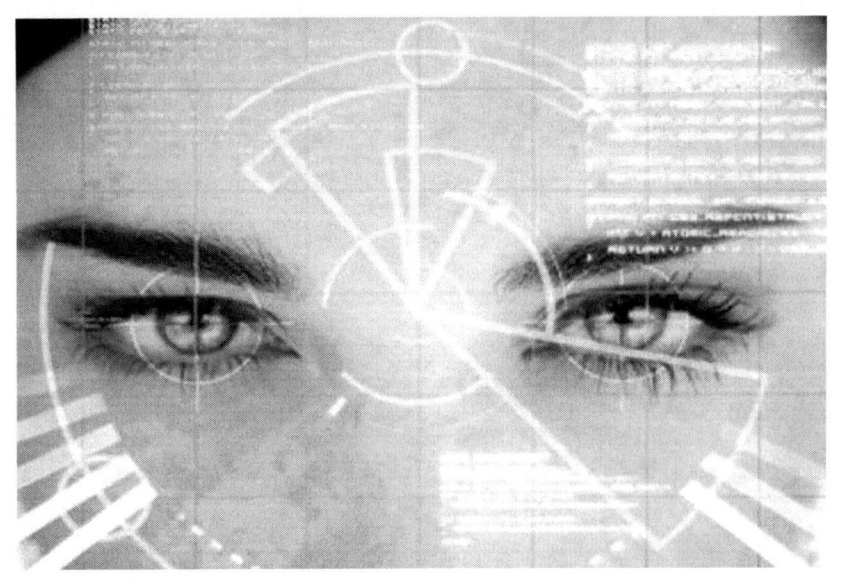

手掌几何学识别——手相决定你看什么书

手掌几何学识别就是通过测量使用者的手掌和手指的物理特征来进行识别，高级的产品还可以识别三维图像。作为一种已经确立的方法，手掌几何学识别不仅性能好，而且使用比较方便。

伦敦百年独立书店 Watkins Books，就联合 JWT 伦敦推出了一款名为"Fenopalm"的 APP。软件通过图像识别技术扫描用户的手掌，并分析包括了食指与无名指之间的比率、生命线等在内的手掌信息，同时结合用户 Facebook 上社交、工作、生活、人际关系的数据。分析结果会以一段定制的互动短片呈现。当然，根据你的个人资料，他还会推荐适合你的来自 Watkins 书店的相关阅读物。或许这有些许迷信色彩，但不得不承认，这实在太符合 Watkins 书店的风格，因为这正是一家售卖秘籍、古书等各类深奥书籍的店。

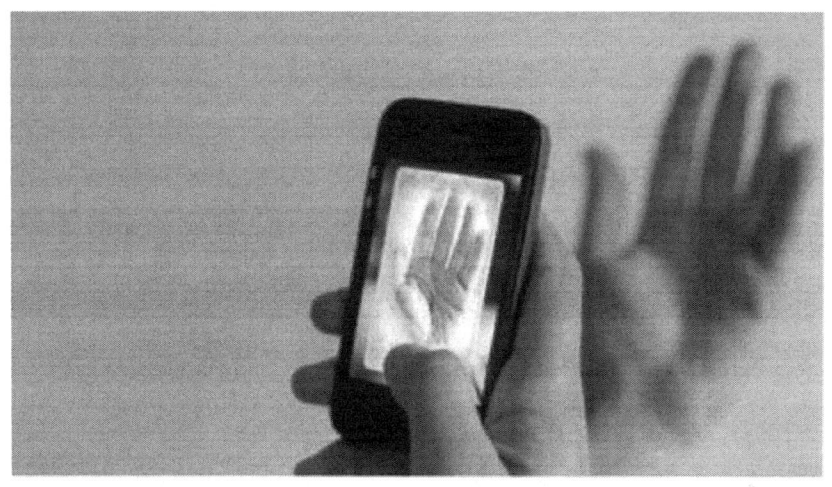

身体健康识别——药丸和植入

如果我们仅通过服用可分解的电子药丸，便能通过手机 APP 侦测到自己的健康状况，这是不是要比在医院做复杂且痛苦的体检更棒呢？目前，一家名为 HQInc 的高科技公司，已经开发出一种电子药丸，内置微型电池和无线网络，可以测量体温、心率和其他身体数据，再传输到无线设备上。就连谷歌总裁 Eric Schmidt 都表示，如果电子药丸能够真正有效，是一种值得推广的技术。

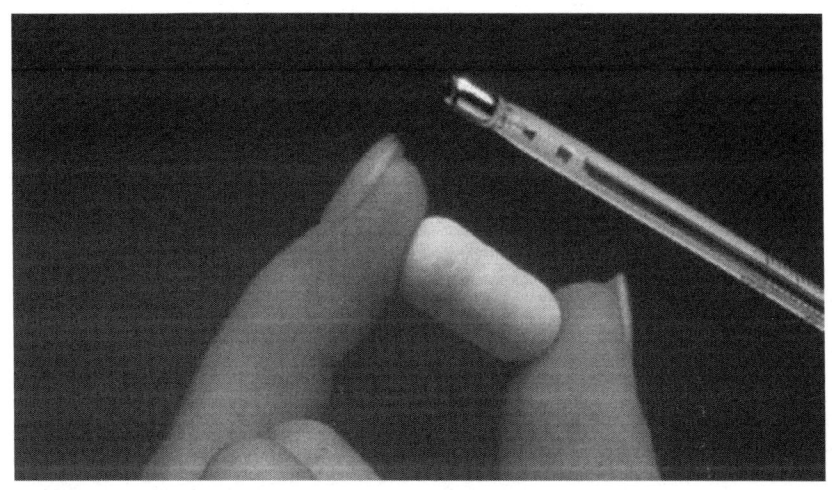

另一家 Grindhouse 公司则更专注于人体植入设备，其开发的 Circadia 是一种微型电路板，可以植入皮下，通过蓝牙将身体的生物数据发送到手机上。该公司的研发人员表示，在未来 10 年至 20 年，他们可以研发出更加先进、无创的植入形式，来获得身体数据，监测人们的健康状况。

骨传导技术——手指帮助你听声音

德国的一趟列车上，已经开始使用骨传导技术向乘客播放广告，乘客不需佩戴耳机，只要将头部靠到火车窗口上，便会听到相关内容。据悉，迪士尼公司在研究一个项目，可以通过手指触摸来传输音频，该技术使用低电脉冲技术，但效果与骨传导相同，可以实现快速接听电话，不需要耳机或是拿出手机，使用自己的手指就可以完成。

在新媒体和电子商务迅速崛起的今天，将科技创新与生活的完美融合正是互联网科技所研究的方向，声音、图像和生物识别技术也迎来了迅速的发展成长时期。通过手机麦克风、摄像头等传感设备让机器听懂人类的声音，看懂人类的文字、图片，实现完美的人机交互体验，一直是移动互联网发展的重要目标之一。

当移动互联网走进我们的生活，一个新的时代已经开始。过去十年，互联网已经从根本上影响和改变了人们的生活。腾讯创始人马化腾曾在腾讯WE大会上提出连接一切的概念，认为人、服务、设备等一切都会智能化，并通过移动互联网连接在一起。

数据显示，截至目前，全球移动互联网用户总数已经超过10亿人。

互联网业界认为，过去十年是消费互联网的时代，而现在已经进入产业互联网时代，产业互联需要传统的各行各业相互连接、互相融合。未来移动互联网将成为人、设备、服务之间的连接桥梁，随着更多智能设备和应用的出现，移动互联网的"大连接"价值也将越来越大。

微信频频升级的新功能，极其强大的开发能力不断拓展新的应用，让我们的生活充满了无限可能，同时延伸一切可以触及的宽度和深度也放大了我们生活中的想象空间。以APP为主的移动互联网时代，促使微信架构了在移动互联网上的新连接。连接是整个互联网的基础，在WEB时代，相互的连接让整个互联网充满活力。

随着网络出现在我们生活、消费、工作、娱乐的各种场景中，人们生活与工作的连接将更为及时和紧密。相信本书能为各位读者带去更多因"连接"产生的价值，更希望能够为正在微信运营中蓄势待发和努力拼搏的你助力、加油！

参考文献

[1] 杨启敏. O2O 的三个段位, 你到了哪一段? [EB/OL]. (2014-03-18) [2014-03-20]. http://www.wanghelp.com/article-651-1.html.

[2] 华哥自话. 传统百货 2014 年求变: 多渠道零售 开拓移动端 [EB/OL]. (2014-02-03) [2014-03-25]. 腾讯科技, http://tech.qq.com/a/20140203/001438.htm.

[3] B 座 12 楼. 移动互联网 6 大创业方向背后的商业逻辑 [R/OL]. (2013-08-19) [2014-03-28]. 虎嗅网, http://www.huxiu.com/article/18933/1.html?f=wangzhan.

[4] 杜永海. 移动互联网时代的营销传播模式 [R/OL]. (2013-12-18) [2014-04-02]. 艾瑞网, http://wireless.iresearch.cn/others/20130819/208932_2.shtml.

[5] IT 茶馆剑锋. 微信公众平台给传统企业带来了什么? [J/OL]. (2013-07-08) [2014-04-10]. 投资界, http://business.sohu.com/20130708/n381031624.shtml.

[6] 罗超. 微信已成为当之无愧的 APP 之王, 它的下一个想象空间在哪里? 可能会是如何与火热的智能硬件结合起来 [J/OL]. (2014-04-30) [2014-05-03]. IT 时代周刊, http://test.ittime.com.cn/news/news_457.shtml.

[7] 微信派. 微信支付派福利, 端午也有红包拿 [EB/OL]. (2014-05-30) [2014-06-02]. http://wxjx.gao7.com/HistoryDetail.aspx?guid=fafe41ba-40f7-49ec-a2ab-b1640b1df3e6.

[8] 微信 + 深圳供电: 全国首例微信支付交电费 [EB/OL]. (2014-05-20) [2014-05-22]. http://www.aiweibang.com/yuedu/560696.html.

[9] 广州邮政:"自邮一族"连接智慧车生活[EB/OL]. (2014 – 05 – 20)[2014 – 5 – 25]. http://www.aiweibang.com/yuedu/560697.html.

[10] 微信 + 武汉交警:推出全国首例微信支付交通违章[EB/OL]. (2014 – 05 – 19)[2014 – 05 – 22]. http://www.aiweibang.com/yuedu/555337.html.

[11] 劳动案件纠纷,以后上微信在线调解[EB/OL]. (2014 – 07 – 08)[2014 – 07 – 10]. http://www.aiweibang.com/yuedu/870705.html.

[12] 微信连接医疗:全国首家微信全流程就诊平台上线[EB/OL]. (2014 – 06 – 11)[2014 – 06 – 15]. http://www.aiweibang.com/yuedu/687017.html.

[13] 微信 + 武大口腔医院:加速推动医疗机构信息化运营[EB/OL]. (2014 – 05 – 20)[2014 – 05 – 23]. http://www.aiweibang.com/yuedu/560695.html.

[14] 用微信,看病不排队!啦啦啦![EB/OL]. (2014 – 06 – 17)[2014 – 06 – 20]. http://www.aiweibang.com/yuedu/729868.html.

[15] 微信 + 外婆家:掌上餐饮时代已到来[EB/OL]. (2014 – 05 – 28)[2014 – 06 – 03]. http://www.aiweibang.com/yuedu/604497.html.

[16] 微信推出来自未来的识别技术,解析你的专属密码[EB/OL]. (2014 – 04 – 12)[2014 – 04 – 20]. http://www.aiweibang.com/yuedu/399431.html.

[17] IT 茶馆. 微信上线转账功能,好友转账无需账号[EB/OL]. (2014 – 06 – 24)[2014 – 06 – 26]. http://sowm.cn/itchaguan/article/DA5C4C82049367DCB36151136323574C.html.

[18] 佚名. 当电商"邂逅"微信支付比想象还疯狂[N/OL]. (2013 – 12 – 14)[2014 – 04 – 15]. 中国经营报,http://www.cb.com.cn/companies/2013_1214/1028019.html.

[19] 佚名. 关于微信支付,你最想知道的"那些事"[EB/OL]. (2014 – 03 – 06)[2014 – 03 – 10]. 极客公园,http://www.aiweibang.com/yuedu/tech/313119.html.

[20] 微信派. 微信支付开放热点问答[EB/OL]. (2014 – 03 – 05)[2014 – 03 – 18]. http://www.aiweibang.com/yuedu/307970.html.

［21］微信派．腾讯联合中信众安推出微信信用卡［EB/OL］．(2014-03-11)［2014-03-28］．http：//www.aiweibang.com/yuedu/323579.html．

［22］微信派．当微信支付遇上首都航空，免费机票任你抢［EB/OL］．(2014-03-13)［2014-03-28］．http：//www.aiweibang.com/yuedu/328510.html．

［23］腾讯房产．移动支付成新宠，腾讯房产尝试微信支付［EB/OL］．(2014-03-25)［2014-04-02］．http：//house.qq.com/a/20140325/013231.htm．

［24］WANGJINGYU．微信公众平台改版：允许在图文消息中加入跳转链接，采用全新的扁平化视觉风格［EB/OL］．(2014-07-03)［2014-07-05］．http：//www.36kr.com/p/213364.html．

［25］阳淼．微信将推出"企业号"［EB/OL］．(2014-07-01)［2014-07-03］．http：//www.ithome.com/html/it/92092.htm．

［26］佚名．盘点：五个微信营销的好技巧［N/OL］．(2014-07-18)［2014-07-20］．电商报，http：//www.souqian.com/infor/107994.html．

［27］营销四号线．赞意互动GIM：吉野家微信5.0最"外貌协会"O2O助力新品上市［G/OL］．(2013-11-18)［2014-05-16］．中华网财经，http：//finance.china.com/fin/sxy/201311/18/1570626.html．

［28］佚名．优惠券：使用"嘀嘀打车"可获优购商城40元礼品卡，可与优惠券叠加使用［EB/OL］．(2014-04-03)［2014-04-10］．优购网，http：//www.shihuo.cn/youhui/21228.html．

［29］陈维松．全国人大会议与政协会议首次启用微信公众号［EB/OL］．(2014-03-01)［2014-03-12］．中国网，http：//news.china.com.cn/2014lianghui/2014-03/01/content_31639800.htm．

［30］崔光宇．建行微信银行布局移动金融［EB/OL］．(2014-06-18)［2014-06-20］．德州新闻网，http：//www.dezhoudaily.com/xiaofei/jr/yhxx/2014/06/2014-06-18658921.html．

［31］佚名．互动营销玩大了，北京楼市现7层楼高二维码［N/OL］．(2014-03-24)［2014-04-01］．新京报，http：//news.dichan.sina.com.cn．

［32］鬼脚七．南航微信，从零到百万粉丝的3个启示［G/OL］．(2013-11-28)［2014-04-25］．http：//www.qmyx173.com/new_view_5855.htm．

[33] 爱范儿.微信公众平台数据统计功能更新,增加更多统计项 [EB/OL]. (2014-08-07) [2014-08-08]. http://www.ifanr.com/news/440419.

[34] 腾讯科技.微信 5.4 版上线用户可面对面收钱 [EB/OL]. (2014-08-15) [2014-08-16]. http://tech.qq.com/a/20140814/070098.htm.

[35] 腾讯科技.微信公众平台开放模板消息,增加业务通知能力 [EB/OL]. (2014-08-15) [2014-08-16]. http://tech.qq.com/a/20140815/001368.htm.

[36] 微信派.6000 家政务微信入驻,指尖上树起"威信" [EB/OL]. (2014-08-07) [2014-08-08]. http://www.aiweibang.com/yuedu/1117690.html.